U0661624

CANR

东北科技创新一体化发展研究

■曹洪滔 林常青 闫莉 著

北方联合出版传媒(集团)股份有限公司

万卷出版有限责任公司

© 曹洪滔　林常青　闫莉　2023

图书在版编目（CIP）数据

东北科技创新一体化发展研究 / 曹洪滔，林常青，
闫莉著 . —沈阳：万卷出版有限责任公司，2023.4
ISBN 978-7-5470-6115-2

Ⅰ . ①东… Ⅱ . ①曹… ②林… ③闫… Ⅲ . ①技术革
新－研究－东北地区 Ⅳ . ① F124.3

中国版本图书馆 CIP 数据核字（2022）第 196071 号

出 品 人：王维良
出版发行：北方联合出版传媒（集团）股份有限公司
　　　　　万卷出版有限责任公司
　　　　　（地址：沈阳市和平区十一纬路 29 号　邮编：110003）
印 刷 者：辽宁新华印务有限公司
经 销 者：全国新华书店
幅面尺寸：170mm×240mm
字　　数：200 千字
印　　张：11.5
出版时间：2023 年 4 月第 1 版
印刷时间：2023 年 4 月第 1 次印刷
责任编辑：胡　利
责任校对：张　莹
装帧设计：徐瑗婕
ISBN 978-7-5470-6115-2
定　　价：69.00 元
联系电话：024-23284090
邮购热线：024-23284448

前 言‖

‖前 言‖

　　随着新一轮科技革命和产业变革重构全球创新版图、重塑全球经济结构，国家与区域间的竞争越来越表现为科技创新能力的竞争，科技创新能力提升成为挖掘发展潜力、释放发展动能、拓宽发展空间的战略举措。从国家与区域整体发展的视角看，科技创新能力提升是创新主体共同发挥创新潜能的社会性工程，只有各创新主体协同发力才能最大程度推动创新资源优势转化为社会发展动力。为此，要深入推进科技创新一体化，培育机制科学引领、资源精准配置、要素高效集聚、主体深度协同、能力整体提升的区域科技创新共同体。2016年《国家创新驱动发展战略纲要》明确指出，"打造区域协同创新共同体，统筹和引领区域一体化发展"，科技创新一体化进入国家战略框架。同年，国务院印发《"十三五"国家科技创新规划》，要求推动跨区域协同创新，提升创新发展整体水平，加速科技创新一体化进程，建设开放创新转型升级新高地。2021年《中华人民共和国国民经济和社会发展第十四个五年规划和2035年远景目标纲要》提出，要深入推进科技体制改革，完善国家科技治理体系，推动重点领域项目、基地、人才、资金一体化配置。

001

东北地区作为我国重要的粮食和农牧业生产基地、重大装备制造业基地，是新中国工业的摇篮，但产业结构转型缓慢，科技创新动力不足、科技创新要素活力不强、科技创新资源协同度不高使东北地区发展迟滞。为提升东北地区科技创新能力，赋能改造升级"老字号"、深度开发"原字号"、培育壮大"新字号"，东北地区各省深入实施创新驱动发展战略，加强顶层设计。辽宁省出台《辽宁省深入推进结构调整"三篇大文章"三年行动方案（2022—2024 年）》《关于以培育壮大新动能为重点激发创新驱动内生动力的实施意见》《辽宁省建设国家重要技术创新与研发基地工程框架实施方案》等一系列政策文件，加速新旧动能转换；吉林省出台《吉林省加快新型研发机构发展实施办法》，着力科技创新平台建设；黑龙江省颁布《黑龙江省新一轮科技型企业三年行动计划（2018—2020 年）》《中共黑龙江省委黑龙江省人民政府关于深入实施创新驱动发展战略推进科技强省建设的若干意见》等，加快科技创新成果转化。在东北地区各省的不断努力下，东北地区科技创新综合实力逐步提升，科技创新对东北地区经济发展的引领支撑作用显著增强，但与京津冀地区、长三角地区、粤港澳大湾区等科技创新极点相比，东北地区存在区域间创新协同的布局与设计实施不够充分、创新资源聚合度低、创新要素流动不通畅等问题，阻碍了东北地区科技创新对区域经济发展引领力的充分发挥。为此，在深入分析东北地区在机制、政策、环境、理念等方面存在不足的基础上，把握东北地区科技创新在政策供给、要素资源、产业升级所承载的创新契机、社会价值观念趋同等方面的优势，加强东北地区各省科技创新机制互通、平台共享、要素贯通、理念共融。这对破解东北地区科技创新合力不足、创新链与产业链结合度不高，打造我国新的创新极点，推动东北地区全面全方位振兴具有重大而深远的战略意义。

科技创新一体化就是要构建区域内的创新协同模式，在保持科技创新的多样性和独立性的基础上，构建共生、共建、共享的创新共同体。东北地区国有资产体量大、科技人力资源丰富、工业基础雄厚、特定产业发展趋势向好，这就要求立足各自比较优势、现代产业分工要求、区域优势互补原则、合作共赢理念中推进创新协同，集聚区域创新合力。本书基于系统论、协同论、马克思主义科技创新理论、熊彼特创新理论，分析研判东北地区科技创新一体化的发展现状，在研究总结国内京津冀、长三角、粤港澳大湾区科技创新一体化经验的基础上，结合日本、德国、美国等发达国家的先进经验，阐释区域科技创新一体化的内在机理与运行逻辑，进而从体系能力增强、资源配置优化、平台载体搭建、创新观念培育等方面阐述东北地区科技创新一体化的基本思路。本书主要包含五部分内容：

第一，对科技创新一体化进行理论建构。这一部分系统梳理了马克思主义经典作家的创新思想、中国特色社会主义科技创新思想、熊彼特创新理论等主要理论，为搭建东北地区科技创新一体化发展的框架奠定理论基础。从协同论、系统论的角度将东北地区科技创新一体化视为东北科技创新体系内部各科技创新主体之间相互作用而形成的有机整体，是以多元主体协同互动为基础的协同创新模式，呈现出非线性、多角色、网络化、开放性的特征，旨在以科学知识和技术转化促进区域经济保持竞争力与可持续发展的内生动力。

第二，主要阐述东北地区科技创新一体化的时代紧迫性与基础优势。这部分从东北科技创新所存在的现实问题出发，剖析问题产生的政策因素、经济因素、机制因素、文化因素等，阐释东北科技创新一体化的必要性。

当前，东北地区体制机制发展不健全、经济结构有待提升、开放合作有待加强、思想观念有待改善，这就要求以东北科技创新一体化顺应世界科技创新格局和东北亚地区发展要求，集聚创新效能，突破关键核心技术、构建新发展格局，加快产业转型升级、推动高质量发展，以东北地区科技创新一体化推动东北地区区域经济一体化发展。

第三，总结东北地区科技创新一体化发展的现状。这部分系统梳理近年来东北地区各省在推动区域科技创新一体化方面所做的积极探索，并从区域比较中指明东北地区科技创新一体化发展亟需破解的难题。近年来，东北地区各省多措并举推进东北地区科技创新一体化，积极推动高校、科研院所与企业共建协同创新载体，协同推进人才队伍建设，同时，健全和完善科技创新服务体系，使区域科技协同创新取得显著成效。但从东北地区经济发展整体的视角看，当前协同创新的政策体系有待完善，科技创新产业化协同不足，创新资源空间分布失衡影响要素优化配置，科技创新人才引进机制有待完善，经济边界弱化科技创新要素的区域共享，这是东北地区科技创新一体化亟需破解的难题，也是未来东北地区推进创新协同的主要发力方向。

第四，归纳国内外科技创新一体化建设的经验及启示。一方面，系统梳理国内京津冀、长三角、粤港澳大湾区三个科技创新极点的先进经验，从共性上看，在协同创新战略研究平台的搭建、科技资源共享机制的完善、创新链与产业链的配套、完善合作体制机制的构建、创新生态群落的优化等方面为东北地区科技创新一体化提供重要启示。另一方面，总结先进国家科技创新一体化的经验，梳理日本、德国、美国在政府财政补贴、政府与民间企业科技创新协作、一体化科技创新体制、战略科研合作伙伴关系、

多层次金融体系等方面的积极成果，提升东北地区科技创新一体化的全球
视野。

　　第五，提出东北地区科技创新一体化的基本思路。结合东北地区国有
资产体量大、科技人力资源丰富、工业基础雄厚、特定产业发展趋势向好
的基础优势，提出当前阶段东北地区推进科技创新一体化的基本思路。以
建立科学高效的创新工作组织机制、优化调整重大科技项目组织实施机制、
完善科技创新能力、开放合作机制，实现体制机制相互联通；以优化科技
创新人才配置、优化创新投融资金融服务、疏通科研成果转化渠道实现创
新要素自由流通；以共建重大科学研究设施、产业技术创新平台、科技公
共服务平台、创新投资基金平台实现创新资源共享贯通；以深化创新文化
培育、推进知识产权联合保护、创建良好的创新环境实现创新文化彼此
相通。

| 目　录 |

第三章
东北地区科技创新一体化发展的现状

第四章
国内外科技创新一体化建设的经验及启示

第五章
东北地区科技创新一体化发展的基本思路

│第一章│
科技创新一体化发展研究的理论基础

东北地区的发展无论是经济社会发展还是其他方面的发展都是一个协同推进的过程，是一体化的过程。基于一体化的相关理论及系统论、协同论的相关理论研究东北地区科技创新一体化战略，是切合实际的选择。对东北地区科技创新一体化进行理解及剖析，是准确把握东北地区科技创新一体化的前提、基础、关键所在。通过对创新、科技创新、区域创新、区域创新系统、区域科技创新系统、协同学等相关理论进行阐释，可以为东北地区科技创新一体化发展战略的制定提供理论基础和指导。

一、马克思主义科技创新理论

19世纪欧洲工业革命蓬勃发展带动了科学技术迅猛发展，与此同时，资本主义社会矛盾更加尖锐，在这一时代背景下，马克思主义经典作家在吸收前人科技思想理论的基础上形成了符合时代发展需要的马克思主义科技创新思想。自马克思主义科技创新思想产生之后，中国共产党人深受马克思主义科技创新思想影响，在继承马克思主义科技创新理论基础上，结合中国科技创新发展历程，形成了具有中国特色的科技创新思想。

（一）马克思主义经典作家的科技创新思想

马克思主义经典作家在对工业革命进行观察和分析的同时，看到了科学和技术的关键存在，并对其进行了大量的论述，从而形成了丰富的科技创新思想。马克思主义经典作家虽未明确提出"科技创新"这一概念，但在他们的相关著作和论述中都包含着科技创新的思想。马克思、恩格斯的论著中所提及的科学、技术、发明、变革、生产力等概念都蕴含着科技创新的实际含义。

1. 马克思和恩格斯的科技创新思想

马克思指出："大工业的原则是，首先不管人的手怎么样，把每一个生产过程本身分解为各个构成要素，从而创立了工艺学这门现代的科学。"[①]马克思和恩格斯十分注重科学的发展和技术的进步，并深入分析了资本主义制度条件下资本家为了进一步提高生产效率，导致社会分工的进一步细化发展的现象本质，大量技术成果不断涌现，进而产生了新的科学，为现代科学的发展阐明了时代背景。第一，马克思和恩格斯认为科技创新是生产关系和生产力发展的巨大推动力。恩格斯对马克思提出的科学技术具有强大革命力量的论断非常认同，并强调科技创新能够推动生产力和生产关系的变革发展。马克思、恩格斯在对资本主义科技革命进行深入分析的基础上，强调未来社会生产力的发展取决于科技水平和创新发展水平。第二，马克思和恩格斯在社会发展实践的基础上认为科技创新源于社会发展的需

---

① 马克思，恩格斯. 马克思恩格斯全集：第 2 卷 [M]. 北京：人民出版社，2005：230.

要。恩格斯指出："社会一旦有技术上的需要，这种需要就会比十所大学更能把科学推向前进。"[①]在马克思和恩格斯看来，社会生产实践与科学技术之间存在着相互影响的辩证统一关系，没有社会需求就没有科技创新的快速发展。第三，马克思和恩格斯认为科技创新能够推动社会经济变革发展。珍妮纺纱机以及蒸汽机的出现进一步提高了劳动生产率，进而推动了制造业以及交通运输业的快速发展。资本主义国家利用科技创新发展机遇进一步提高自身经济发展实力。一个新的工业部门会影响其他生产部门，蒸汽机、纺纱机等带来的技术革命成果渗透到资本主义生产的各个部门，彻底改变了资本主义国家整个工业生产的现状，并推动社会生产力的巨大提高，促进英国成为资本主义国家中的先进工业国和经济强国。马克思和恩格斯的科技创新思想对当前建设创新性国家、推动科技创新一体化发展仍具有重要的现实启示和时代价值。

2. 列宁的科技创新思想

列宁继承了马克思、恩格斯科技创新思想的相关思想理论，并在社会主义建设实践过程中用马克思、恩格斯科技创新理论指导国内生产发展。列宁在指导社会主义国家发展过程中进一步认识到了科技创新发展对于社会主义建设的重要性，更加重视科学技术人才、科学技术教育的发展，进一步创新发展了马克思主义科技创新思想理论。在发动俄国十月革命之前，列宁主要针对批判社会上关于马克思科技创新思想的错误见解，维护马克思主义科技创新思想的正确成果。十月革命之后，第一个社会主义国家建立，列宁主要针对社会主义建设过程中出现的一系列问题，包括进一步巩

固苏维埃政权、促进生产力发展、提高人民生活水平等，将马克思、恩格斯科技创新理论用于指导俄国科技创新发展。第一，列宁认为发展科学技术是战胜资本主义以及稳固社会主义政权的强大武器。尽管建立了社会主义国家，但列宁清晰地认识到新建立的社会主义国家处在水深火热之中，如果不加强经济基础建设，就有可能被敌对势力所吞灭。为此，列宁认为要发展国民经济，通过大力发展科学技术，实现电气化。第二，列宁高度重视引进和培养高端科技创新人才。列宁主张向资本主义学习，引进高端科技创新人才，并十分注重加强对科技创新人才的保障。此外，还进一步加强高等教育发展，培育本国发展需要的科技创新人才。面对新的科学知识和新的科技生产工具，需要进一步普及和加强科学教育，列宁倡导在全国范围内积极开展职业技术教育、综合技术教育以及电气化教育，强化教育理论与科技生产劳动实践相结合。第三，列宁注重加强学习资本主义国家科技创新成果。列宁为快速改变战后国家经济落后的现状，一方面，通过高薪引进国外先进科技设备和机器并同时聘请国外科技创新专家，积极学习资本主义国家的先进技术和经验，进一步促进本国经济的发展；另一方面，通过突破资本主义国家的重重限制，派遣本国专家、学者到国外进行交流学习，并时刻关注国外先进科学技术成果。列宁的科技创新思想在继承和创新马克思主义科技创新思想基础上，结合社会主义国家国内外发展现状，为社会主义国家推动科技创新发展提供了理论指导和实践导向。

（二）中国特色社会主义科技创新思想

科技创新理论不仅体现在马克思主义经典作家的重要论述中，中国特色社会主义理论也包含着丰富的科技创新理论，这些重大论述是马克思主义理论中国化的重要组成部分。在一代代党中央集中统一领导下，我国科技创新事业发展取得了举世瞩目的重大成就，并在指导中国科技创新发展事业过程中逐步形成了系统的科技创新理论体系，为我国科技创新事业发展提供了重大理论指导，也为区域科技创新一体化发展奠定了重要基础。

1. 毛泽东的科技创新思想

毛泽东十分重视发挥科技创新在推动社会发展过程中的重大作用。毛泽东指出："科学技术这一仗，一定要打，而且必须打好。"[1] 中华人民共和国成立之后，毛泽东从一百多年来中国遭受列强欺侮的历史中总结出了一个深刻的经验教训，即近代中国屡遭战争失败的一个重要原因就是技术落后，国家的发展强大与科学技术实力密切相关。为此，在社会主义建设过程中，毛泽东十分注重发展科学技术，提出要实现社会主义四个现代化，其中之一就是科学技术现代化，与此同时，工业、农业以及国防现代化也离不开科学技术的支撑。毛泽东在社会主义建设过程中多次在重大场合发表了一系列关于科技创新的重要讲话，阐发了丰富的关于推动科技创新的新观点和新见解。第一，毛泽东强调发挥科技创新在推动社会主义建设事业发展中的重要性。中华人民共和国成立之后，毛泽东强调要改变中国科技落后的现状，提出了"向科学进军"这一伟大口号，将科技创新提升到了政治革命战略高度，大力开展技术革命，号召全党将注意力转移到技术革命上来。在毛泽东看来，发展技术革命，不仅能够满足人民群众生产生活需要，稳固国内政权稳定，还能够加强国防现代化建设，维护国家安全。第二，毛泽东强调科学技术学习要坚持引进外国与本国独立自主相结合的原则。中华人民共和国成立后，毛泽东等中央领导人果断做出向苏

---

① 毛泽东.毛泽东文集：第 8 卷 [M].北京：人民出版社，1999：351.

联社会主义国家学习借鉴科技创新发展成果的决定，并于 1950 年与苏联签订了《中苏友好同盟互助条约》。此后，在苏联科技专家的指导和先进科学技术设备的支援下，新中国科学技术事业得以起步发展。随着苏共二十大的召开以及公开揭露斯大林的错误，毛泽东等领导人更加清晰地认识到要发展科学技术必须依靠本国的力量。他强调学习国外的科学技术，不能盲目地学习，要加以批判，反对照抄照搬的做法。第三，毛泽东强调要充分发挥科学技术人才队伍在科学技术事业发展中的重大支撑作用。毛泽东、周恩来等领导人充分认识到知识分子，尤其是科学技术人才在推动我国各项事业发展中的重大历史作用和地位，进一步认清和划分了知识分子的阶级属性，强调要加强对科技人才的培养和重视力度，充分发挥科学技术人才在促进科技创新发展以及提升我国科技创新竞争力等方面的作用。新时代条件下，毛泽东科技创新思想在注重科技创新自主发展、加强创新型人才队伍建设等方面仍具有重大的时代价值。

2. 邓小平的科技创新思想

邓小平在社会主义现代化建设的过程中也非常关注科技创新。邓小平在继承马克思主义经典作家以及毛泽东科技创新思想基础上，结合中国改革开放的社会发展实践，提出了一系列关于科技创新的新理念。早在 1975 年，邓小平在领导中国科技发展事业过程中就多次强调，中国要发展就要积极引进国外的新技术、新设备，注重加强国内企业的科学研究工作。第一，邓小平创造性地提出"科学技术是第一生产力"的重要论断。面对世界科技革命的强烈冲击，邓小平清楚地认识到当前我国科技创新整体水平与世界资本主义国家先进水平的巨大差距，并进一步深化了马克思对科学技术作用的认识，形成了以"科学技术是第一生产力"为中心的科技创新思想。他还明确指出，实现四个现代化的前提就是科学技术现代化，强调全党都要注重科技创新事业的发展。第二，邓小平认为在推动科学技术全面进步的同时要特别重视高新科技的发展。邓小平指出中国能够取得当前的国际地位，与我国"两弹一星"等高新技术发展密不可分。正是看到了高新技术发展的重大作用，邓小平更加强调要注重发展高新科技，向世界科技发展前沿进军。在邓小平的指导和关注下，中国国家高新技术研究发展计划得以展开和实施。为此，邓小平还要求各行各业都要注重科技创新，加强科学研究工作发展，不仅仅是科研机构和单位，也包括企事业单位、高校以及军队等。第三，邓小平更加强调科技创新机制体制改革。邓小平指出："经济体制，科技体制，这两方面的改革都是为了解放生产力。"①邓小平强调要充分利用科技体制改革，为科技创新人才提供良好的科技创新环境。当前，我国科技体制改革仍存在诸多问题，邓小平科技创新发展思想为当前科技创新一体化发展中更加注重科技体制创新发展提供了重大的理论引导。

3. 江泽民的科技创新思想

随着我国现代化建设事业发展的需要以及世界科技变革的加快，江泽民在继承马克思主义经典作家科技创新观以及毛泽东、邓小平科技创新思想的基础上，对我国科技创新问题做出了一系列重要论述，更是将科技创新发展置于极高的战略地位。第一，江泽民明确指出科学的本质就是创新。科技发展要善于和勇于创新，只有坚持不断创新，科学技术才能稳固发展。科技发展就是不断追求新的知识、新的真理的过程。江泽民非常注重知识

---

① 邓小平. 邓小平文选：第 3 卷 [M]. 北京：人民出版社，2001：108.

创新和技术创新对推动科技发展的重要作用，他认为只有在全社会各行各业大力加强知识创新与科技创新，才能实现我国科学技术的跨越式发展和进步。第二，江泽民提出要加强国家创新体系的建立。江泽民非常重视国家创新体系建设，他指出："积极推进国家知识创新体系建立，为技术创新和科技成果向现实生产力转化提供有效的保障和激励机制。"①他认为政府要在推动科技创新中发挥主导作用，从政策引导入手，为科技创新发展提供更为有效的政策咨询和引导。在江泽民的直接关注下，1998年中国科学院实施知识创新工程，推动中国在重要基础前沿研究领域取得了一大批重大科技创新成果。第三，江泽民强调国有企业是科技创新发展的重要主体。他特别指出企业是创新的主体，要加强国有企业的技术改造和技术创新，提升国有企业的整体实力，同时要推动国有企业稳步向新兴产业和高技术产业进军。江泽民科技创新思想内容丰富，突出强调中国要走具有特色的科技创新发展之路，这为区域科技创新一体化发展提供了重大启迪。

4. 胡锦涛的科技创新思想

胡锦涛的科学发展观包含着丰富的科技创新思想。随着世界科技革命日益全球化，胡锦涛从我国科技发展的现实出发，在继承马克思主义科技创新思想理论的基础上，逐步形成了以"自主创新"为核心的科技创新思想。第一，胡锦涛强调科技创新是促进可持续发展的重要支撑力量。我国在经济快速发展的过程中，也出现了一系列急于求成的问题和状况，导致对生态环境、资源利用等方面造成一定的破坏。胡锦涛在中国社会经济发展实际的基础上，指出要加强科技创新在推动可持续发展方面的重要作用，充

---

① 江泽民. 江泽民文选：第2卷 [M]. 北京：人民出版社，2006：398.

分利用科技创新加强对资源的合理利用以及对生态环境的保护。第二，胡锦涛注重加强科技创新文化建设。胡锦涛特别关注科技创新文化事业发展，明确提出了载人航天精神的内涵，倡导学习载人航天精神以及创业精神，并提出要在全社会弘扬和培育科学家精神，在全社会形成讲科学、爱科学、用科学的良好氛围。此外，他还特别注重科普工作的发展，通过科普工作在全社会传播科学文化知识、科学思想，让广大人民群众用科技知识武装头脑。第三，胡锦涛提出要加强自主创新，建设创新型国家。随着科学技术水平的提升与国际科技竞争日益激烈，胡锦涛充分认识到科技创新在提升国家综合国力竞争中的重要作用，强调要把推动科技创新发展放在国家发展的优先地位，不断提升国家自主创新能力，建设创新型国家。

5. 习近平的科技创新思想

当前，世界科技与经济一体化发展为各国经济发展和科技进步带来机遇的同时，也面临着更大的挑战，世界各国之间的科技竞争也更加激烈。中国发展进入新阶段，改革开放以来，我国科学技术事业取得了举世瞩目的成就，但改革发展越往深处，所面临的难题也就更加棘手。习近平认为要解决中国前进道路上的难题，必须要依靠科技创新，走自主创新之路，实现科技自立自强。党的十八大以来，习近平从国际视野和我国历史发展的新方位出发，在继承马克思主义科技创新思想基础上，围绕"为何要科技创新、如何推进科技创新"的核心问题，阐述了一系列关于科技创新的新思想和新论述，是马克思主义科技创新思想的重大组成部分。第一，习近平注重探索中国自主创新道路，实现科技自立自强。习近平指出："自主创新是我们攀登世界科技高峰的必由之路。"[1] 在当前西方资本主义国家保护主义盛行以及激烈的国际科技竞争局势下，如果我国的自主创新提升不上去，就难以摆脱受制于人的局面。因此，提高科技自主创新能力对国家发展具有重要的战略意义，我国要加强基础学科研究，将独立自主、自力更生作为科技创新发展根本点，加强科技创新总体布局，突破核心关键技术，加快建设世界科技强国。第二，习近平更加注重科技创新机制体制的改革与政策落实。习近平将科技体制改革列入了全面深化改革的重大任务中，要求加快中国科技创新体制改革步伐，破除阻碍科技进步发展的制度障碍，推动科技体制改革发展与社会经济进步之间的良性发展。推动企业真正成为科技创新的主体，推动科技成果转化制度以及建立符合中国科技创新发展实际的科技创新资源合理配置机制，促进我国科技创新高质量发展。第三，习近平强调要加强高素质科技人才队伍建设。习近平在给青年科学家及老一辈科学家的回信以及重大讲话中始终强调科技创新人才对我国科学技术进步事业发展做出的伟大贡献，并在全社会倡导要弘扬和学习科学家精神，以科学家为模范榜样，学习科学家身上无私奉献、爱党爱国、勇于钻研的精神。此外，还强调，不断加强科技人才评价机制改革与完善，加大对科技创新的投入力度，为科技创新工作者提供更为宽松的工作环境。习近平科技创新思想形成了系统完整的理论体系，是新时代党对科技创新工作的经验总结，为新时代科技创新发展提供了理论指导和行动指南。

---

① 习近平.在中国科学院第十九次院士大会、中国工程院第十四次院士大会上的讲话[N].人民日报，2018-05-29（002）.

二、区域科技创新一体化相关理论

从区域科技创新理论、协同创新理论以及区域科技创新协同理论三个方面阐述相关理论，为后续构建区域科技创新一体化奠定理论基础。

（一）区域科技创新理论

区域科技创新是指在一定范围内各地区的企业单位、高校院所、科研院所以及机构和科技创新相关主体之间，在联合各个地区之间的科学技术创新实力基础上，有效利用各地区优势科技创新资源，促进区域内科技创新资源的有效流动、及时更新和高效转化，实现区域内科技资源、人力资源等的优化协调，进而不断提升区域科技创新实力和竞争力。区域科技创新具有整体性、动态性、兼容性、开放性等特征，使得区域间的科技创新合作发展和竞争得以协调展开。区域科技创新能推动区域经济结构调整，在促进产业结构优化的基础上，进一步推进区域经济可持续发展，进而提升区域整体实力。在科技创新竞争激烈的发展现状下，区域科技创新能够推动各区域从自身优势出发，提升自身经济发展实力。

（二）协同创新理论

协同创新是指区域内部的创新主体，包括政府、高校、科研院所等之间为了实现区域内重大科技创新目标开展的一种科技创新，有效整合地区之间分散的科技创新资源，扭转科技创新效率低下等问题。协同创新作为一个系统能够将学科发展、科学研究以及科学创新人才结合起来，形成一个新的协同创新平台，从而将分散的科技创新资源集聚在一起，重新整合形成一个新的科技创新体，这个创新体的效率将会远远大于单个区域之间资源利用效率之和。协同创新能够通过相关创新机制和合作模式的改革，最大限度地调动各创新主体的积极性，实现科研成果产出及转移能力最大化，促使区域内部之间产、学、研、用等创新主体积极主动参与其中。

（三）区域科技协同创新理论

布拉齐克在他的书中提出了"区域创新系统"的概念，区域科技创新体系内部各科技创新主体之间相互作用，形成了一个有机的整体。各个主体之间存在着人员、知识和资金的相互流动，这种运作机制使得区域具备了单个创新主体不具备的功能，实现"1+1>2"的协同效应。区域科技创新过程中存在技术供给、技术转化与扩散、技术评估等问题，在这一过程中，不断优化自然资源、科技经费、人才资源与知识资源的配置，从供给、需求与环境方面对区域内技术升级与技术创新提供支持，使区域内部的科技创新活动更顺利、更高效地开展，其最终目的是通过科学知识和技术转化来促进区域经济保持竞争力与可持续发展的内生动力。

第二章

东北地区科技创新一体化的基础

东北地区国有资产体量大，工业发展基础好，产业关联度大，在推进科技创新发展中的优势十分突出，传统优势产业发展市场前景广阔，专业化指数高，并且与国家的重大战略结合密切，紧扣科技创新发展步伐；科教资源丰富，高端科技创新要素充足。推进东北地区科技创新一体化是整合东北地区优势创新资源、培育创新合力的必然选择，充分发挥区域科技创新资源基础优势，聚焦创新链产业链融合，激发全域科技创新活力，推进产业基础高级化、产业链现代化。

一、科技创新一体化的内涵

科技创新一体化指的是科学、技术以及创新各个发展要素之间相互融合渗透的一种过程及态势，它包含的内容很多，如科学技术化、技术科学化、科学技术一体化、技术创新一体化、创新服务一体化、创新资源一体化、创新合作一体化等等。推进东北地区科技创新一体化，就是通过科技和区域两个维度双管齐下,构建区域新的科技创新系统,进而实现"科技+市场"的一体化。

科技创新一体化是以创新个体的协同实现个体与整体创新能力提升。从整体目标上看,科技创新一体化将区域科技创新视为整体性工程,通过生成区域创新共同体的运行逻辑推动区域创新共同体的创新能力提升,它代表着特定区域对创新资源的总体配置的合理性、对创新要素整合的科学性与创新协同的实践性。从运行机制上看,科技创新一体化将区域创新共同体的诸多要素按照功能互补的逻辑进行整合,提升科技创新主体、资源、要素以及各类生态间的协同互促,将个体优势纳入区域整体科技创新发展中。从现实反馈上看,科技创新一体化意味着整体科技创新能力提升与个体创新潜能激发的统一,科技创新一体化以协同创新的内在逻辑反对消解个体创新能力,是以整体创新能力提升的路径提升科技创新成果向发展效能转化的效率。

二、东北地区科技创新一体化的时代紧迫性

随着当前经济的高质量发展,科技创新已经成为衡量区域经济发展的重要因素。在东北地区现行经济可持续发展压力增大、科技创新人才流失严重和新增长点培育不足的背景下,加快推进东北地区科技创新一体化发展,不仅有利于促进东北地区优化产业结构、培养壮大新兴产业、促进经济高质量发展,而且有利于提升区域整体科技创新水平和能力,增强区域综合竞争力。因此,推动东北地区科技创新一体化发展是东北地区抓住时代机遇、扭转东北地区当前严峻发展形势的必然选择,也是促进区域协调发展的重要举措。

（一）推动东北地区科技创新一体化是实现东北全方位振兴的必然选择

科技创新对体制创新、重大基础设施建设、产业联动、政策推进等方面的发展有着重要的支撑和引领作用，是促进国民经济发展的重要动力，更是增强区域经济竞争力的关键。加强东北地区区域科技创新一体化发展研究是东北地区实现全面振兴、全方位振兴的重要抓手。

1. 东北全方位振兴引领区域科技创新一体化发展方向

新时代东北振兴战略是党和国家着眼于国家发展大局以及区域发展全局做出的战略性规划，是推动东北地区整个区域包括省会城市以及周边县区城市的整体振兴战略。新时代东北全方位振兴不仅仅局限于东北地区传统工业的转型升级发展，还涵盖着促进新兴产业、科技创新型产业、信息化、数字化产业的发展，以及促进与科技创新发展相配套的城市基础设施建设发展、推进生态文明建设和培育科技创新人才等多个方面。新时代东北全方位振兴是立体的振兴，包含推动装备制造业、汽车工业、能源业等传统工业向绿色化、智能化、高端化水平发展，又包含促进现代农业、科技服务业、战略性新兴产业的振兴发展。全方位振兴不仅仅涵盖促进工业、农业、服务业三大产业的发展，更包含促进传统优势产业与高技术服务业融合发展、制造业与人工智能等现代科学技术的融合发展。

近年来，国家从促进区域协调发展的大局出发，针对东北地区在产业转型升级以及科技创新发展过程中面临的问题，先后出台了一系列有助于东北地区产业发展与科技创新发展的规划、意见和政策措施，以振兴东北为发展主基调，以激发东北地区原有老工业基地的优势为发力点，持续加大对科技创新的重视和投入程度，提升东北地区经济发展的内生动力，使得东北全方位振兴战略的成效逐步显现。解决好东北地区振兴发展过程中的"四个短板"问题是实现东北地区转型升级和全面振兴的关键点。各类创新活动中最重要、最核心的就是科技创新,作为第一生产力的科技创新对生产关系具有决定性作用。东北地区应发挥科技创新在经济发展、社会进步、思维方式转变、环境改善等方面的作用,集聚东北地区丰富的科技创新资源,进而助推东北老工业基地实现新一轮全方位振兴。

2. 区域科技创新一体化推动东北地区实现全方位振兴发展

区域科技创新一体化发展能够整合区域科技创新资源,创新区域科技发展机制体制。东北地区具有自然资源优势和老工业基地发展优势,是我国重要的重工业生产和农业发展基地,促进东北地区科技创新一体化发展对维护国家粮食安全、产业安全等都具有十分重要的作用。推动东北地区现代化农业发展、战略性新兴产业发展以及促进资源型城市和产业衰退地区的可持续发展必须紧紧抓住科技创新这一关键点,才能有效促进东北地区全方位振兴发展。

第一,东北地区全方位振兴需要推动农业科技现代化发展,科技创新发展为促进农业科技创新奠定基础。东北地区具有得天独厚的地理位置优势,拥有适宜农产品生长的黑土地等自然资源。近几年来,随着东北全方位振兴政策的发展与完善,东北地区在农业方面的科技投入逐渐增强,农业机械化、智能化发展水平逐步提升。东北地区推进农业现代化发展,不仅需要加强农业科技领域研究,也要注重加强对黑土地的科学保护,利用科技与农业相结合的方式,实现以低碳化和绿色化方式促进东北地区粮食的高质量供给。这两者都需要科技创新引领东北地区农业振兴发展。

第二,东北地区科技创新一体化发展引领产业结构升级。东北地区全方位振兴需要优化产业结构，促进产业转型升级发展，其中包括新兴产业的发展和产业结构的优化升级。区域科技创新一体化有助于为东北地区现代产业体系的发展提供支撑点。科技创新能够通过培育新的经济增长点为东北地区实现全方位振兴发展提供不竭的动力源泉。东北地区在原有的工业基础上，注重发展新兴产业并对其进行精准谋划，开发打造新的经济增长点。东北地区科技创新一体化发展能够将增强区域整体科技创新能力作为重要途径，加快产业结构调整并培育科技型产业发展新动能，形成新产业结构，从而实现新产业新业态的良好发展。

第三，东北地区实现全方位振兴需要优化科技创新的发展环境。新时代东北全方位振兴中，机制体制不够完善是其中一个重要短板。东北推进全方位振兴过程中出现的科技创新研发成果与市场发展相脱节的问题、科技创新人才引进及留用方面的问题、知识产权保护方面的问题等，都属于机制体制问题。机制体制创新能够为科技创新打造良好政策发展环境，全面激发科技创新发展新活力，使科技创新成为全面振兴全方位振兴的重要驱动力。

（二）推动东北地区科技创新一体化是突破关键核心技术、构建新发展格局的关键

党的十九届五中全会提出："构建以国内大循环为主体、国内国际双循环相互促进的新发展格局。"① 加快推动区域科技创新一体化的发展，联合东北地区各省优势资源，加大基础学科研究，建立并完善科技创新国际国内的双循环发展体系。东北地区科技创新一体化发展有助于加快突破

———————————

① 中共十九届五中全会在京举行 [N]. 人民日报，2020-10-30（001）.

关键核心技术，促进新发展格局的形成。

1. 推动东北地区科技创新一体化是突破关键核心技术的关键

习近平指出："必须切实提高我国关键核心技术创新能力，把科技发展主动权牢牢掌握在自己手里，为我国发展提供有力科技保障。"[①] 这深刻阐明了提升科技创新能力、突破关键核心技术对促进国家创新发展和区域高质量发展的重要性与紧迫性。

我国始终高度重视促进科技创新发展，在增强自主创新能力、攻克关键核心技术方面取得了一系列显著成就，科技创新能力持续提升。然而，当前我国虽然在一些重点领域取得技术自主权，关键核心领域技术攻克的制度框架以及激励机制方面有待进一步改善。面对当前国内外错综复杂的科技创新发展形势，只有凝聚区域科技创新资源，整合区域科技创新力量，不断加强基础性学科研究，在关键核心技术方面实现重点突破，注重解决一系列制约高质量发展的"卡脖子"技术，不断提升国家和区域整体的科技创新能力。推动东北地区科技创新一体化发展有利于统筹整合科技创新资源，提升科技创新工作组织力，充分发挥东北地区老工业基地良好的工业基础以及科技创新人才资源丰富等优势。

一是推动东北地区科技创新一体化有助于强化基础理论研究，夯实科技创新基础。基础理论研究是科技创新发展的根基，是打破关键核心技术发展瓶颈的重要途径。从关键核心技术攻克以及国家重大战略发展需求中提炼基础科学问题，能够为关键核心技术的突破提供更有针对性的理论知识。

二是推动东北地区科技创新一体化有助于突破产业和空间壁垒，推动

---

①提高关键核心技术创新能力 为我国发展提供有力科技保障 [N].人民日报,2018-07-14（001）.

产、学、研协作创新。从根本上讲，科技创新一体化发展就是通过政府制定政策、推进企业跨区域协作实现科技创新资源集聚。东北地区科技创新一体化发展有助于打破东北三省之间的行政壁垒，共建科技创新合作发展平台，共享科技创新发展资源，提高区域整体竞争力。

2. 推动东北地区科技创新一体化是构建新发展格局的内在要求

构建新发展格局，科技创新是关键之举。习近平指出："推动国内大循环，必须坚持供给侧结构性改革这一主线，提高供给体系质量和水平，以新供给创造新需求，科技创新是关键。"[①] 新发展格局下，我国面临的发展形势更加复杂多变。推动东北地区区域科技创新一体化发展是提升区域科技创新整体竞争力、促进构建新发展格局的内在要求。

一是推动东北地区科技创新一体化发展，助力东北地区更好地参与国内大循环。习近平指出："要以东北地区与东部地区对口合作为依托，深入推进东北振兴与京津冀协同发展、长江经济带发展、粤港澳大湾区建设等国家重大战略的对接和交流合作，使南北互动起来。"[②] 东北地区在科技创新发展模式、发展路径等方面可以向粤港澳大湾区等进行借鉴学习，助推东北地区科技创新协同发展，整体提升东北地区的科技创新发展能力，进而推动国内大循环发展。

二是推动东北地区科技创新一体化发展，有助于推动东北地区参与国际大循环发展。习近平强调："中国高度重视科技创新，致力于推动全球

---

① 习近平在科学家座谈会上的讲话 [N]. 人民日报，2020-09-12（002）.
② 解放思想锐意进取深化改革破解矛盾 以新气象新担当新作为推进东北振兴 [N]. 人民日报，2018-09-29（001）.

科技创新协作。"① 东北地区要充分利用临近俄罗斯、蒙古国、日本及韩国的地域优势，积极加强对外开放合作力度，推动东北地区科技创新一体化发展。

（三）推动东北地区科技创新一体化是加快产业转型升级、推动高质量发展的强劲引擎

当前我国经济发展已经进入新常态，由制造大国向科技强国转型是实现跨越发展的关键。实现东北全方位振兴、全面振兴是新时代我国重大发展战略，促进产业转型升级，使东北地区的发展活力和区域竞争力得到极大提升，有助于增强东北地区经济发展活力，推动经济高质量发展。

1. 东北地区科技创新一体化发展是加快产业转型升级的重要推动力

东北地区科技创新一体化发展能够最大限度整合东北三省的科技创新资源，加强基础科学研究，不断提高科技创新能力，充分发挥东北地区交通基础设施便捷的优势，优化科技创新环境。

当前东北地区传统产业转型升级发展、战略性新兴产业尤其是现代科技产业发展以及产业布局的结构调整，都需要充分发挥科技创新的引领带动作用。

一是科技创新能力的提升对产业结构转型升级具有促进作用。东北地区科技创新一体化发展有助于增强东北地区基础研究水平，提高企业生产效率，促进产业结构优化升级。

二是东北地区科技创新一体化发展有助于发展新兴产业。新需求的出现会打破原有的要素市场，其技术与工艺需求会改变技术个体间相互关系，

---

① 加强科技开放合作 共同应对时代挑战 [N].人民日报，2021-09-26（001）.

技术的革新和市场需求的增加会促进形成新的产业生产链，并且随着创新成果的应用可能开发出的生产领域，从而诞生出新的生产部门，推动新产业的发展。

三是东北地区科技创新一体化发展有助于推动传统产业的改造升级。科技创新的投入能够改变传统产业的原有发展路径，促进产业结构优化升级。东北老工业基地的装备制造业、钢铁工业等传统产业存在的资源消耗量大、环境污染严重、产能过剩等问题已经逐渐不适应绿色化、现代化产业的发展要求。东北地区科技创新一体化发展有助于促进信息互联，加强资源的合理配置，提升传统行业的生产能力并优化发展模式，推动产业结构向合理化和高级化方向发展。

2. 东北地区科技创新一体化是实现高质量发展的核心驱动力

科技创新通过催生新型业态、产业转型升级和创新商业运营模式，进一步优化了资源配置效率。东北地区科技创新一体化发展能够通过促进产业结构升级、提升经济发展科技创新含量等方式促进高质量发展。

一是东北地区科技创新一体化发展有助于转变经济发展方式，推动经济高质量发展。科技创新发展助推前沿科技成果的发展，如大数据、人工智能、3D 打印、石墨烯等进一步推动了科技创新型产业的发展。东北地区构建起以企业、政府、科研院所、科技创新市场为主体的科技攻关制度，通过科技发展提升资源利用效率，有效地推动产业走节能减排的路子，促进循环经济的发展，提高经济发展质量。

二是东北地区科技创新一体化发展有助于提升经济高质量发展的创新含量。东北地区实现经济高质量发展，必须充分发挥"科技＋"的巨大潜力，推动实现"科技＋文化""科技＋金融"融合发展。科技创新一体化发展有助于大力推进互联网、大数据、智能制造和工业发展相融合，提高工业、农业以及服务业的数字化、科技化、智能化水平。

（四）东北地区科技创新一体化有助于推动东北地区区域经济一体化发展布局

东北地区区域经济一体化发展是顺应国家对区域发展格局进行重构性设计的必然选择，对于破解新时代东北区域发展不平衡、优化东北地区生产力布局和空间结构具有重要意义。中华人民共和国成立以来，东北地区区域经济一体化发展取得成效，但同样面临着交通网络设施建设改造升级亟需加强、区域发展一体化重点推进不够突出、产业聚集不够、科技创新开发不足等问题，这已经成为制约经济发展的重要因素。科技创新一体化发展有助于培育新的经济增长点，为东北地区区域经济一体化发展提供不竭动力。

1. 东北地区科技创新一体化发展有助于推进东北地区科技人才资源共享，提升地区经济发展竞争力

经济的竞争归根到底还是在于人才的竞争。东北地区区域科技创新一体化发展有助于促进东北地区共享科技创新人力资源，为东北老工业基地实现全面振兴发展提供动力，助推东北地区产业结构调整升级，促进经济协同发展。东北地区科技创新一体化的发展推进东北三省各个城市之间的科技创新人员流动、科技创新信息资源流动、科技创新平台共建共享，推动东北三省科技创新资源的优化配置和资源共享，从而有效增强东北地区的科技创新人才资源优势和区域经济综合竞争力。东北地区科技创新一体化的发展推动东北地区在科技创新合作方面建立多层次、多领域的合作机

制，推动东北区域内科技产品、科技创新资本、科技创新资源信息等生产要素跨地区、跨行业的有序流动。

2. 东北地区科技创新一体化发展有助于推动东北区域信息一体化发展，助推数字经济的发展

信息一体化是区域经济一体化发展的基础。数字经济的发展离不开强有力的信息发展网络，信息发展网络的形成和发展则需要依靠科技创新。习近平强调："发展数字经济是把握新一轮科技革命和产业变革新机遇的战略选择。"① 推动数字经济是激发全社会创新创业意识、推动大众创新创业热潮的重要驱动力。实现东北地区科技创新一体化是国家促进区域协调发展的一项重大发展战略，要使三个没有隶属关系的行政区域实现协调联动发展，必须要打破信息壁垒。从国内京津冀地区、长三角地区、珠三角地区以及粤港澳地区协调发展的经验来看，区域内部信息资源共享对推动区域合作发展起着至关重要的作用。

（五）推动东北地区科技创新一体化是顺应世界科技创新一体化发展和东北亚地区发展的基本要求

在世界范围内最大限度地实现科技领域的协同共享和合作发展，是科学发展之根本要求，也是当代世界科学治理的主要内涵。最近十几年，尽管我国科技水平已经得到了提高，与发达国家科学技术水平之间的差异也正日益缩小，但在科技核心竞争力方面，中国与发达国家相比仍然有着很大差距，这就需要我国必须加快科学创新的步伐，进而促进社会发展。

1. 推动东北地区科技创新一体化是顺应世界科技创新一体化发展的基

---

① 把握数字经济发展趋势和规律　推动我国数字经济健康发展 [N]. 人民日报，2021-10-20（001）．

本要求

随着当今世界各国的经贸科技联系越来越密切，彼此依存度加大，资金、信息、科技和人员诸要素也在世界范围内广泛流通，各国的科技交流和协作也越来越深入，科技交流活动的国际化程度日益加强。同时，对世界市场、资源与技术的争夺也在日益加剧。任何一个大国都会根据自身的优势与发展需要，在国际竞争和国际合作的过程中努力达成自身的发展目标。

世界科技创新活动也日益超越学科、跨越国界，逐渐变成地方性、国际化的社会活动。中国一直坚持以世界眼光规划和推进全球科技创新合作，并贯彻"引进来"和"走出去"相结合的国际技术合作策略。在全球经济一体化发展的条件下，世界科技创新发展一体化成为促进世界经济发展的总趋势。世界科技创新一体化发展能够通过集聚全球范围内各国的科技创新资源，促进国际科技创新发展合作，实现优势互补，还可以通过在世界范围内的科技创新交流，不断拓展各国在科技人文、创新创业、技术转移等方面的合作，提高全球科技创新效率。

世界科技创新发展一体化条件下，东北地区实现全链条产业创新发展就必须运用更加开放的视野和科技合作政策，通过对区域与全球科技创新资源和市场的整合，为区域科技创新发展创造良好条件。

一是推动东北科技创新一体化发展是新发展格局下参与国际科技合作的需要。国际科技合作是全球化发展下世界各国共同应对和解决全球科技问题和人类社会发展问题的必然选择，也是推动科技进步和可持续发展的必然趋势。

二是世界科技创新发展一体化发展为中国科技创新发展提供重要的推

动力。中国参与国际创新发展合作并非意味着要从国外直接获取所淘汰的科学技术，而是要将国际科技合作作为促进我国科技创新发展和实现科技自强的跳板。新时代条件下，促进东北地区科技创新一体化发展是探求全球技术协作的新思路、新模式和新办法，是不断提高中国地区与全球技术协同发展能力的基本需要。东北地区科技创新一体化发展在积极促进地方科学技术资源开放共享的同时，也将积极利用海外优秀的科学创新人才和创新发展要素资源，为国家的科学创新与发展服务，共同推动我国同其他发达国家和地区以及全球先进的科学创新机构进行更深入、更广泛的科学技术交流，进一步增强我国科学创新能力和水平。

2. 推动东北地区科技创新一体化是顺应东北亚地区发展的基本要求

实现东北地区科技创新一体化与推动东北亚区域合作、促进东北亚地区发展紧密相连。东北亚地区作为世界上发展潜力巨大、影响力十分广泛的区域，各国之间交流合作频繁、经济往来密切，为世界经济增长做出了重要贡献。面对当前复杂的国际政治经济形势，进一步增进东北亚各国之间的交流对话，推动各国加强理解、加深信任、巩固友谊，持续推进东北亚地区的区域合作，是当前东北亚地区各个国家的共同心愿。在此形势下，深入推进东北地区科技创新一体化发展进程，有利于加强东北地区的对外开放合作力度，使东北地区能够与东北亚各国维持团结、亲密、默契的合作伙伴关系，更好地融入东北亚地区的发展。

一方面，推动东北地区科技创新一体化，助力东北全面振兴取得新飞跃，对加快东北亚区域合作进程、推动东北亚地区共同发展具有积极作用。实现东北科技创新一体化能够增强东北地区的综合优势，与东北亚各国形成良好对接，推动东北亚国家形成优势互补、资源共享的经济发展格局，为东北亚地区更好地进行贸易合作、推动各国经济的发展提供稳定基础。在单边保护主义抬头、新冠肺炎疫情尚未完全结束的国际环境下，为推动全球贸易自由化、促进世界经济的复苏与繁荣注入强大动力。

另一方面，深入推进东北亚区域合作，促进东北亚地区发展，又能为东北地区科技创新一体化提供源源不断的外部动力。东北亚地区作为大国力量交汇之地，其局势的发展变化对亚洲甚至世界政治经济格局的发展变化具有重大影响。近年来东北亚各国的相互依存度不断上升，有持续深化合作的发展趋势和内在需求。加大东北亚区域合作力度、促进东北亚地区整体发展，有助于扩展我国外部发展空间，对于推动东北地区科技创新一体化、促进东北地区全面振兴也具有重要的价值。因此，东北地区在构建新发展格局、推进科技创新一体化、实现全面振兴的伟大征程中，要同东北亚各国持续展开全方位、多层次的合作，为维护我国相对稳定、和谐的外部发展环境注入动力。

三、东北地区科技创新一体化的基础优势

东北地区是我国科技资源富集度最高的区域之一，国有资产体量大、科技人力资源丰富、工业基础雄厚、特定产业发展趋势向好，为推进新时代东北全面振兴提供了充足的资源条件和产业基础。东北地区不断提升对科研的重视程度，制定和完善了推进科技创新发展的政策，对科技创新发展的投入力度显著增强，这为东北地区科技创新一体化积蓄了更为强劲的发展动能。

（一）国有资产体量大

习近平指出："国有企业是中国特色社会主义的重要物质基础和政治

基础，是我们党执政兴国的重要支柱和依靠力量。"①东北老工业基地的国有企业同样在加快技术与管理的创新、增强企业活力与创新动力、促进深化改革发展等方面，为东北地区科技创新一体化的推进发挥着重要的作用。

1. 东北地区国有企业整体规模较大

东北地区国有企业数量多、占比大、分布范围较广，这是东北地区的宝贵财富，也是发展基础。近年来，东北地区国有企业积极响应国家创新驱动发展战略，真抓实干、攻坚克难，形成了一批具有竞争力的现代企业。国有企业固定资产投入不断增大，经营机制有了质的改变，现代化企业制度已经建立，国有企业经济布局和结构失衡问题逐渐得到改善。充分发挥国有资本总体量大的优势，健全合作资源和创新生态圈，集中东北地区的科技创新力量，不断推出新技术、新产品、新服务。

2. 东北地区国有经济布局不断优化调整

近年来，东北地区国有经济规模不断壮大，国有资产向产业中高端、战略性新兴产业等第三产业集中，增强了国有企业在科技创新发展方面的引领力，使得经济布局进一步优化。通过市场化经营机制以及激励机制的改革，东北地区不断加强地区之间的多领域合作，推动国有企业在重大基础设施、重点性支柱产业以及关键核心技术等领域进行深度合作。辽宁省紧抓国有企业数字化转型升级发展，加快推进数字经济协同创新基地的建设，聚焦数字经济、信息技术应用及装备、智能制造等领域的发展，大力发展数字经济和数字基础设施建设，不断为国有企业数字化发展赋予新的

---

① 坚持党对国有企业的领导不动摇　开创国有企业党的建设新局面 [N].人民日报，2016-10-12（001）.

动力；吉林省从科技创新引领、加强科技创新知识产权保护等多角度发力，促进国有企业增强科技创新能力和水平，并通过优化布局调整宏观结构，全面推进国有经济布局于现代医药等高新技术产业的发展；黑龙江省不断推动国有企业布局结构战略性调整，为有效解决企业同质化无序竞争的问题，促使国有企业进一步聚焦新型产业发展，在科技创新发展上精准发力，不断提升区域内国有企业的市场竞争力。

3. 东北地区国资国企改革不断深化

党的十九届四中全会首次提出将"增强国有经济的创新力"作为在市场化竞争中做强、做优、做大国有资本的重要引擎，并强调要充分发挥体制优势，大力推进科技创新。国有资本是实施创新驱动发展战略的中坚力量，东北地区的国有企业加快建立科技创新载体，大力培育一批"专精特新"企业，使国有资本优势得以充分发挥。辽宁省加快推进国有企业混合所有制改革，有效解决了国有企业政府依赖性强、市场竞争力弱的突出问题；吉林省加快推进国企改革攻坚，坚持以市场需求为导向，注重发展实体经济，为国有经济发展提供坚实基础，科学有效地推进国有企业改革；黑龙江省不断深化国有企业改革，加强对国有资产的监管，加大对科技创新的扶持力度，培养具有国际化视野的高端科研人才和管理人才，着力解决了国有企业资产不优、活力不足等历史遗留问题。

（二）科技人力资源丰富

科技人力资源在促进科技进步、经济社会发展方面具有重要的推动作用。东北地区丰富的科技人力资源为推动东北地区科技创新一体化发展提供了重要的人才基础和保障。

1. 东北地区具有独特的产业与科教资源优势

一是东北地区具有较强的产业优势。辽宁省大中型工业企业科技人才资源具有比较优势，开放度高于其他两省；吉林省独立研究机构、普通高校及国有大中型工业企业具有比较优势，属科教型省份；黑龙江省在普通高校和大中型工业企业方面具有比较优势。东北地区拥有雄厚的创新载体优势，高等教育、科研院所以及科研机构也逐渐成为科技人力资源培养的主渠道，为东北地区科技创新的发展不断输送人才资源。东北地区拥有相对集中的大学、科研院所等科研载体，其中哈尔滨工业大学、吉林大学、大连理工大学、东北大学、辽宁大学等享誉国内外，每年培养大批高素质人才。中科院沈阳金属所、沈阳自动化所等顶级的科研院所积聚了一大批高层次科技人才，拥有大量科技成果存量。吉林省拥有近 60 个科研院所和高校，另外还有一大批国家重点实验室。东北三省依托科研优势，逐步加大企业与高校、国内外科研机构之间的合作力度。

二是东北地区拥有丰富的科技创新资源。东北老工业基地区域科技创新体系建设不断增速，地区科技创新创业共享服务平台也开始启动，并且逐步发挥其重要作用。东北地区进一步实施和落实《东北老工业基地中长期科技发展规划纲要（2006—2020 年）》若干配套政策，加快了科技成果转化落地。

2. 东北地区高端创新人才储备丰富

高水平人才在推动科技发展中有重要作用，是实现产业、经济创新的重要源泉。东北地区促进科技创新一体化发展不仅需要一支规模宏大的科技创新人才队伍，更需要高端科技创新人才队伍。高端科技创新人才掌握较多的科技创新资源，能够为地区科技创新发展增添新的动能，谁拥有高端科技创新人才以及科技创新人才队伍，谁就能够在激烈的科技创新竞争中拥有发展的主动权。

一是东北地区科技创新创业人才队伍的规模大。辽宁省实施的"兴辽英才计划"科技创新领军人才项目不断加大对国内、国际高端科技人才以及高端技能人才的引进，逐渐壮大高层次科技创新人才队伍；吉林省引进近百名高端人才、科技特派员，重点支持院士等高端人才来长创业，为科技创新人才队伍结构优化升级提供重要契机；黑龙江省着重加强人才梯队建设，开辟了外国高端人才"绿色通道"。东北地区从事自然科学和工程技术的科技人员占地区专业技术人员总数的比例持续提升，这为促进东北地区科技创新成果转化率的提升提供了坚实的人才保障。此外，东北地区科技领军人才开始呈现年轻化趋势，青年人才脱颖而出，这为促进科技创新研究提供了充足的人才保障。从近年的科研成果来看，东北三省各有侧重，辽宁省在机械、化工、石油、新材料方面见长，吉林省在光电技术、机械制造、化学化工方面见长，黑龙江在农、林、石化等方面见长。

二是东北地区在发展工业的过程中，造就了一支规模庞大、经验丰富、技术过硬的产业工人队伍。东北地区依托老工业基础优势培养造就了一批精通技术、善于管理、训练有素的产业工人和经营管理人才，还通过承担和实施国家、省重点产业科技攻关项目及产业化项目，培养了一批能够突破产业前沿核心技术、关键技术的战略性新兴产业技术创新创业人才。

3. 东北地区科技人力资源投入较大

资金是科技创新的基础，拥有充足的研发经费是促进科技创新研究的重要保障。东北地区促进科技创新基金的规模化发展，大力扶持科技创新型企业以及科技创新人才的发展。研究与开发（R&D）活动是科学技术活动的核心。根据国家科技经费投入统计公报数据显示，东三省地区研究与试验发展（R&D）经费投入继续保持较快增长，年科技经费以及科研项目数量呈现逐年增加的趋势，且科研投入强度持续提升。东三省在创新经费投入、科技创新项目申请数量以及推进科技创新成果转化方面不断提升，这为促进科技创新一体化发展提供了良好的物质保障。

（三）工业基础雄厚

东北地区工业发展基础好，推动工业化与信息化发展相融合，加快制造业结构优化升级，从规模、质量和效益上全面提升东北地区产业竞争力。

1. 东北地区有较为完整的工业体系

东北地区汇集众多产业集群，是东北地区三大城市群产业发展的主要趋势，其中包括鞍钢产业集群、长春汽车产业集群、大庆石化产业集群、沈阳与哈尔滨飞机制造产业集群、大连舰船制造产业集群、齐齐哈尔重型机床产业集群等。东北地区依托便捷的交通网络，产业基地发展较为集中。哈大发展轴充分发挥了贯通南北主通道作用，推动了沿线城镇、产业和人口的集聚，重点打造汽车、农产品加工、高端服务业等产业基地，建成面向俄罗斯和东北亚、具有国际竞争力的城市发展轴和产业集聚带。

东北地区是我国重要的重工业基地，依托丰富的矿产资源、完善的基础设施、便捷的交通条件以及丰富的科教人力资源，经过多年的发展建设，现已形成了以钢铁、机械、石油、化学为主导的比较完整的重工业体系，并且产业关联度高，产业链条发展完整，为高端人才团队开展关键核心技术和共性技术研究提供了庞大的应用场景，为科技创新发展提供了发展空间。

东北地区工业基础雄厚，工业门类齐全，具有先天的产业优势和广阔市场。东北地区科技创新一体化能够依托东北地区完备的工业体系和产业链，推动东北传统产业转型升级，赋予老工业基地以新的发展动能，从而提升东北地区重工业在国际国内发展中的竞争力和科技实力。

2. 改造提升传统优势产业为科技创新发展提供平台

东北地区作为我国重要的装备制造业基地，机械制造、汽车生产等产业基础优势显著，制造业产业规模庞大，为东北科技创新一体化的发展奠定了基础。东北振兴进入新阶段，需要在改造提升传统优势产业上下功夫，从而为东北科技创新一体化的发展带来更大机遇。改造提升传统优势产业需要从三方面着手。

一是加快产业数字化转型，为东北老工业基地数字化制造发展提供平台。东北老工业基地具有庞大的制造业产业规模，推进数字化制造可以实现信息资源快速优化配置，进一步提高东北传统制造业的发展质量。加快传统优势产业数字化转型可以重塑传统制造业优势，依托数字化进行科技赋能，为传统优势产业的转型发展提供平台。

二是推动传统优势产业绿色低碳转型。近年来，因煤、铁、油等资源逐渐枯竭，以制造业为主的重工业优势已不明显。因此，东北老工业基地要加快推进传统制造业绿色升级，推广低耗能的工艺技术装备，进一步降低资源能耗，推进资源再生利用，推进循环绿色经济的发展。

三是提高传统优势产业的创新能力。东北老工业基地在核电、工程机械等装备制造领域存在优势，要进一步利用已有优势，增强传统优势产业的竞争力，加强核心技术攻关，推动产业科技创新能力的发展，进一步以科技创新改造提升传统优势产业。

3. 加快工业互联网创新发展

工业互联网是中国制造业未来发展中赢得发展制高点的重要途径，有助于在加快新旧动能转换的条件下，创新工业生产模式、推进产品研发和工业管理范式的深刻变革。辽宁省出台《辽宁省工业互联网创新发展三年行动计划（2020—2022年）》等系列文件加速推进工业互联网创新发展，围绕新基建时代背景，深度挖掘新基建时代下新产业带来的新机遇，加速制造业与互联网的融合发展，确保工业互联网为新兴产业发展带来跨区域、多融合、促共生的新局面。吉林省颁布《关于深化工业互联网发展的实施意见》等，将科技创新融入工业发展过程中，通过工业化与信息化的融合发展，培育新的工业发展增长点，提升制造业的科技创新水平，加快工业制造信息化、数字化转型发展。黑龙江省印发的《黑龙江省工业强省建设规划（2019—2025年）》等系列文件为工业科技创新发展提供有利条件，支持工业互联网平台开放共享，提供多层次基于互联网的"双创"公共服务，依托新一代信息技术、云计算、物联网等科技创新发展平台推动高端制造业的发展，促进工业结构转型发展。

（四）特定产业发展趋势向好

东北地区坚持以问题和目标为导向，聚焦东北地区产业高质量发展，重点是以科技创新促进产业结构调整和优化升级为主攻方向，发挥国有资产总量、工业基础雄厚的优势，促进产业集群发展，不断培育高新技术产业，提高产业竞争力，促进东北地区科技创新发展。

1. 东北地区传统优势产业创新发展实力充足

东北科技创新发展为东北地区传统产业发展赋予新动能，进一步释放出传统产业的优势。东北地区传统优势产业集中在以丰富的自然资源为基础的农业、与农业发展相关的一系列农产品加工业以及以优质的矿产资源为基础的原材料产业，其中东北地区传统优势产业发展良好的代表有吉林长春汽车、辽宁沈阳机床、黑龙江哈尔滨燃气轮机装备制造等相关的装备制造业，还包含以低成本、药材原料丰富为优势的医药制造业。吉林长春汽车产业立足科技创新发展，秉持崭新独创、合作共赢理念，以促进汽车产业数字化、智能化发展为关键，加强与世界各国在智能网联汽车研发、新型材料利用、关键元器件打造方面的科技交流合作，致力于打造世界汽车先进制造技术创新体系，力争走在国际汽车行业最先进技术前沿。辽宁沈阳机床产业坚持走自主创新之路，并通过科技创新与制度创新相结合，围绕企业管理、科技人员发展、科研成果转化等方面进行体制创新，加大技术攻关力度，极大推动机床产业科技创新发展。黑龙江哈尔滨燃气轮机装备制造产业以技术创新为引领，不断提高产品性能，通过对 9FA、9FB 燃气轮机技术引进消化吸收再创新，对重型燃机及联合循环技术有了深入掌握，并在国内建立燃机基地，实现从"制造合作"向"制造 + 研发 + 服务"模式转变，向技术创新要效益。东北医药产业充分发挥特有的资源丰富的传统优势，以科技创新为产业发展引领，通过组建国家级企业技术中心和创新药孵化基地，加强产品研发与创新，在产品自主研发以及合作研发、工艺技术创新与改进等方面进行改进，全面提升创新能力，为中国医药健康事业做贡献。东北地区优势传统产业在科技创新发展的引领带动下焕发出新一轮生机。

2. 东北地区新兴产业发展趋势良好

发展战略性新兴产业是东北地区实现科技创新一体化发展的主要内容，更是东北地区实现全方位振兴和促进经济可持续发展的必要举措。国家新一轮东北振兴战略实施以来，东北地区抓住发展机遇，大力推进科技创新发展，积极进行产业结构调整，取得了阶段性成果，高端装备制造等新兴产业发展趋势良好。辽宁省作为东北地区拥有得天独厚地理优势的省份，充分发挥地理区位优势，不断加强与国内外的区域科技合作交流，在新一代信息技术产业发展方面围绕集成电路及装备创新链、电子元件、电力电子等产业，通过推进科技项目实施，完善创新基地建设以及强化工作调研等方式，进一步提升科技创新服务水平。在新材料产业围绕先进化工新材料、金属材料、纳米材料、先进复合材料等新材料，发挥新材料基础理论及应用技术研发优势，研发科技创新新产品。吉林省位于东北腹地，是连接东三省的重要地区，在加强与辽宁省和黑龙江省的合作方面具有地理位置优势。吉林省在商用卫星、通用航空、光学、新能源等新兴产业领域改革步伐不断加快，发展动力稳步提升。在现代医药产业发展方面，吉林省加大对现代中药质量控制、新型微生物培养和发酵、生物炼制的研究，加快完善形成完整的医药产业链。黑龙江省处于东北地区最北端，对外开放合作具有独特的地理优势，在交通运输装备制造产业、新能源产业以及现代化农业机器生产方面产业基础较好。在交通运输装备制造产业，黑龙江省不断推进在飞机、轨道交通和汽车等装备制造产业方面的科技创新投入，紧盯市场发展需求，加强技术攻关，不断推进产品升级换代。

3. 东北地区现代科技服务业发展趋势良好

东北地区科技服务业发展起步较晚，在国家实施振兴东北老工业基地发展战略后开始逐步发展。近几年来，东北三省均制定相关发展战略以推动社会经济快速发展，促进了产业结构转化提升，并在此基础上使得科技服务业的发展速度逐步提高，无论在科技服务业规模、科技服务业对人力资本的投入、对科技服务业投资支持强度、对科技成果转化能力等方面，均取得了较快进展。随着大众创业、万众创新政策的深入实施以及我国经济供给侧结构性改革、行业结构调整工作的逐步展开，中国高新技术服务业的战略地位也越来越突出，高新技术服务业的蓬勃发展在促进国民经济飞速发展过程中起到了很大作用。国家以及各地方政府已经认识到科技服务业的发展水平将直接影响国家或地区的经济发展和人民生活水平。2014年国务院印发的《关于加快科技服务业发展的若干意见》就深入实施创新驱动发展战略，加快推动现代科技服务业发展进行了全面部署，东北地区各省份也分别出台了促进现代科技服务业发展的相关文件。辽宁省科学技术厅提出《辽宁省科技服务业发展四年行动计划（2014年—2017年）》，吉林省人民政府办公厅发布《吉林省人民政府关于加快科技服务业发展的实施意见》，黑龙江省人民政府办公厅发布《关于加快我省科技服务业发展的实施意见》，东北三省均通过文件向社会传达加快发展科技服务业的总体要求，强调发展重点、部署发展任务、提供政策保障，充分发挥政府引领推进科技服务业发展的重要作用，更加科学和有效地指导科技服务业向专业化发展。

|第三章|

东北地区科技创新一体化发展的现状

随着国家振兴东北老工业基地战略的提出以及东北三省科学技术厅共同推进地区创新体系建设协议书的正式签订，东北三省充分发挥区域科技创新资源优势，积极推进科技创新合作，取得了显著的进展与成效，为东北地区科技创新的高质量发展做出了贡献、厚植了基础。同时也存在不少问题，主要表现在科技创新一体化发展政策不健全，缺乏整体观，合作主体目标不一致，区域创新资源空间分布失衡，科学技术实力不够高，这些问题成为科技创新一体化发展的瓶颈。

一、东北地区科技创新一体化发展的现状

自 2002 年党的十六大提出支持东北地区老工业基地调整和改造以来，在东北振兴过程中推进协同发展已经成为东北地区各省、市的自然选择。近二十年来，东北地区在区域经济一体化发展方面布局充分，为东北地区推进科技创新一体化奠定了基础。国家实施创新驱动发展战略，推进东北

全面、全方位振兴以来,东北地区在实施高质量发展、提升科技创新能力方面取得了长足进步。但同时,东北地区科技创新活力仍然未得到充分发挥,高校、科研机构和大型企业科技协同创新机制尚未定型。

(一)政府多措并举推进东北地区科技创新一体化

1. 制定促进区域科技创新合作的政策

随着国家振兴东北老工业基地战略的实施,吉林、辽宁、黑龙江三省已经形成了互惠互利、相互促进、共同发展的科技合作关系。2004年东北三省签订《东北三省联合建立区域科技创新体系协议》,为东北地区科技创新发展提供了明确的政策导向,标志着东北三省可以在更大范围内实现科技创新资源优化配置,充分发挥科技第一生产力的作用。此后,又签订了《东北四城市协同合作全面推动东北老工业基地振兴的意见》,将东北地区的科技创新一体化发展推向更高层级,政策制定也更加完善成熟。随后,东北三省的科技工作者在科研方面的合作也越发紧密,越来越多的研究成果、发明及学术论文由三省合作完成。2015年颁布的《关于促进东北老工业基地创新创业发展打造竞争新优势的实施意见》,为推动东北地区实现创新驱动发展转变、支持区域科技创新协同发展、塑造东北地区科技竞争新优势提供了政策支持。东北地区认真贯彻落实科技创新政策发展要求,在《中共中央关于制定国民经济和社会发展第十四个五年规划和二〇三五年远景目标的建议》中高度重视科技创新发展,对科技创新成果转化、科技人才引进、科技创新机制体制完善、科研创新发展环境优化、科技创新申报流程规范等一系列关于科技创新的实际问题进行规范化引导,加强科技创新国际交流合作,不断激发三省科技创新内生动力,真正把科技创新作为振兴发展的战略支撑。

2.加强科技创新发展服务

东北三省政府积极搭建科技创新发展平台。

一是政府积极搭建科技创新载体。东北三省充分发挥地区原有的工业优势，布局和打造材料与制造领域的国家实验室，构建国家级综合研究平台，充分整合东北地区高校、科研院所和科技型创新企业的优质创新资源，加强基础研究，为产业发展提供源头创新。东北三省政府鼓励三省之间地区合作，除了三省省会城市之间的合作外，还促进铁岭、四平、通辽等地开展科技创新合作发展，壮大东北省际间经济发展带。此外，注重搭建国际科技合作发展平台，重视哈尔滨、长春、丹东、延边等边境城市的国际科技合作基地建设，加强国际科技交流合作。

二是积极促进产、学、研发展合作，助力科技创新发展。辽宁省出台的《辽宁省建设实质性产学研联盟工作指引（暂行）》、吉林省颁布的《关于激发科研人才活力支持科研人才创新创业的若干政策措施》、黑龙江省印发的《关于加强原创性科学研究的措施》等，为促进产学研发展提供良好的政策环境。

三是强化企业在科技创新发展中的主体地位。三地政府出台多项举措支持科技型企业及其他科技社会中介组织通过设立基金、发展金融等方式加大对基础研究和应用基础研究的投入，并支持企业牵头组建创新联合体，在技术攻关、平台建设、成果转化、人才培育等方面形成创新合力。

（二）积极推动高校、科研院所与企业共建协同创新载体

推动科学技术创新，仅靠个人、团队、院校等单打独斗是难以取得突出效果的。以产学研集合各方的全面合作，使人力资本、知识技术、资金设备、市场客户等各类科技资源在加速流动中增加结合的机会。积极推动高校、科研院所与企业共建协同创新载体，为科技创新一体化发展提供了良好的发展平台和机遇。

1.联合组建产学研战略联盟，服务企业科技进步与创新发展

产学研合作是促进高校、科研院所科技成果转化的重要平台，也是东北地区促进科技创新一体化发展的重要举措。当前，传统的产学研合作模式已经不能适应全方位振兴发展下的东北科技创新发展的需求，为此，组建产学研战略联盟，推动产、学、研三方建立更为长期和稳定的合作关系，有助于进一步整合东北地区企业、高校、科研院以及机构、科技中介组织之间的科技创新资源要素，实现更深层次、更为广泛的科技合作。高校以及科研院所在关键核心技术方面的研发以及技术攻关方面具有优势，但需要企业以及政府的资金扶持。企业、政府、高校、科研院所一体化的发展，促进产学研联盟的发展和进一步拓展。东北地区具备非常优质的产学研合作基础。辽宁省已正式确立产学研用技术创新联盟，促进各类科技创新要素向企业聚集，并鼓励高校与高校、科研院所、行业企业的深度融合、协同创新，推动高校教学科研人员深入企业生产一线，与企业共同开展科技创新。吉林省依托吉林大学、东北师范大学、吉林农业大学、长春工业大学、中国科学院长春应化所等高校及科研院所搭建高校与企业合作桥梁，成立长春玉米生化产学研技术创新战略联盟、医药健康领域产业技术创新战略联盟等，积极开展科技创新及成果转化研讨对接，促进科技成果精准对接。黑龙江省产学研战略联盟以科技创新资源为依托，以市场化发展为导向，通过联盟的形式，为各高校、科研院所、投资机构搭建平台，充分发挥了产学研深度融合的积极作用。

2.发挥高校特色和办学优势，组建各类协作创新平台

东北地区瞄准区域发展重大需求，发挥高校科研优势，立足企业发展实际，共同建立协同创新中心，推动重要领域关键核心技术攻关。如辽宁省东北大学牵头组建的高端医疗影像设备及应用创新平台，立足辽宁医疗装备产业基地，研发出 PET、多轴悬吊数字减影血管造影机、256 层宽体能谱 CT、多模态医学影像等医学影像设备。沈阳农业大学建设村级综合服务平台，通过组建专家团队，以农业科技成果为依托，开展科技服务。大连工业大学组建的"木质纤维生物质精炼协同创新中心"，择优选择辽宁省优势互补的大连理工大学、中科院大连化学物理研究所、锦州金日纸业有限责任公司、辽宁兴东纸业有限责任公司组成了协同创新中心的核心协同层，建设面向区域经济发展的木质纤维生物质炼制协同创新中心。沈阳航空航天大学组建的"环境增值能源技术及装备协同创新中心"，面向节能环保和新能源技术及高端装备研发国家重大需求，通过建设面向区域经济发展的环境增值能源技术及装备协同创新中心，开展核心技术攻关，全面提升在环境增值能源技术及装备领域的创新能力，加快科研成果产业化。吉林省组建的长春化学研究省部共建协同创新中心、页岩油气资源勘探开发省部共建协同创新中心、高压先进科学研究省部共建协同创新中心为促进科技创新发展发挥了重大作用。黑龙江省组建的先进加工及高端装备制造技术 2011 协同创新中心，整合了省内先进加工及高端装备制造技术研究和应用领域高水平的研究单位和企业，各协同单位有着近 40 年合作历史，共同承担和完成了"863 计划"重点项目、科技重大专项、重大支撑计划项目等一批国家重点科研项目和企业急需的科研课题，同时致力于技术创新和成果转化，为推动国家和黑龙江省高端装备制造业的技术进步和产业发展提供有力支撑。

3. 构建多元化的高校、企业与科研院所的协同创新模式

科技协同创新对促进科技资源共享、提升区域科技创新能力具有重要的促进作用。多元化的协作创新模式有助于充分发挥政府、高校、企业在科技创新中的优势，助力地方科技创新发展。

一是校内协同创新。高校拥有丰富的科研人员以及国家财政扶持，推动高校内部不同学院之间、不同学科之间以及学院内部不同部分之间的协作，有助于实现高校内部跨学科、跨平台之间的科研合作，进一步推动学科建设。高校内部科研团队是科技创新发展主力军，促进高校科研团队之间的协作，能够整合高校内部强有力的科研力量，实现科技资源共享，促进大型科研项目的实施。吉林省致力于打破校内学科壁垒，实现校内真正协同。

二是校校协作创新。东北地区高校众多，"双一流"高校在各省之间分布较为均匀，推动校校科技协作创新，有助于充分发挥各个高校办学特色。辽宁省实施的普通高等学校校际合作协同创新项目加强省内校际合作，建立科研合作联动机制，以高水平学科为基础，统筹学校资源，依托优势科研领域和科技特色服务方向，进一步推进优势科研平台资源开放共享，提升辽宁省高校协同创新能力。

三是校企协作创新。东北地区积极推进校企协作创新，一方面有助于推动高校精准对接企业科技创新发展需求，建立校企联合研发中心，有针对性地开展行业科技服务，实现科研市场化；另一方面有助于开启校企合作办学的新路径，与企业共同建设协同创新实验室、人才培养基地、孵化中心等，联合高校与企业的力量，培育科研人才。辽宁省出台的《辽宁省教育厅关于进一步推进职业教育校企合作的意见》、吉林省签订的《合作

共建"吉林省大学生智能制造职业能力提升培训基地"协议》、黑龙江省颁布的《关于深化产教融合的实施意见》等一系列政策为校企合作创造良好的政策发展环境。

（三）协同推进人才队伍建设，促进东北地区科技创新一体化

人才是推动科技创新发展的第一资源，是实现东北全方位振兴发展、促进区域科技创新一体化发展的重要战略资源。东北三省高度重视科技创新人才工作，育才、引才、用才同向发力，不断完善和优化科技创新人才制度和发展环境，着力培养造就大批优秀科技人才，激励科技人才投身东北科技创新发展中。

1.着力强化科技创新人才培育工作

科技人才的充盈是全面推动科技创新的关键。

一是重视对科技创新型领军人才培养。东北三省注重制定高层人才培养战略，不断拓宽高层次人才培养途径。辽宁省出台的《辽宁省高层次人才培养支持计划实施细则》围绕东北地区科技创新发展重大需求，不断加强高层次人才本土化培养，加大高端人才引进力度，努力培养一批具有示范带头作用的科技创新领军人才。吉林省颁布的《吉林省"长白山人才工程"实施方案》大力推进人才工作，集中力量培养全省振兴发展急需的人才。黑龙江省实施的《黑龙江省"十四五"科技创新规划》不断加大人才引进力度，加大科技领军人才的培育和引进力度。

二是重视对青年科技创新人才的培养。通过挂职等实践锻炼以及鼓励青年科技人才到国外高校进行交流学习，并努力营造鼓励创新、包容失败的环境氛围，为青年科技创新人才提供更有保障的发展环境。

三是加强科技人才交流与合作。东北三省为科技创新人才开展科技创新工作提供了坚实的物质保障，还通过不断完善科技创新发展政策，促进三省之间共享科技创新资源，加强科技人才交流合作，积极举办科技创新活动，增强科技人员之间的交流，并引入大型国际科技合作项目，促进科研人员对外的交流与学习。

2. 加大科技创新人才引进力度

在推动东北地区科技创新一体化发展过程中，多样化、国际化科技人才的引入将为东北地区科技创新发展注入新动力。

一是从海外引才到海内外综合引才。近几年来，东北三省在人才引进趋势方面逐渐从注重引进海外高端人才到引进海内外综合人才。辽宁省在"十百千"高端人才引进工程中注重加大引进海内外高层次创业创新人才；吉林省将整个引才的重点聚焦于海内外，瞄准引进海内外的"高精尖缺"人才、有潜力和发展前途的人才；黑龙江省不断促进引才引智平台建设，集聚国内外优秀科技人才参与本省创新战略研究。

二是不仅向个人引才，而且更加注重团队集体引才。辽宁省出台的《辽宁省科技创新条例》中通过实施"项目＋团队"的"带土移植"工程，充分发挥人才团队的科研力量，解决制约产业转型升级的科技创新发展问题。吉林省出台的《关于激发人才活力支持人才创新创业的若干政策措施（2.0版）》大力引进高层次创新创业人才以及团队。黑龙江通过实施"头雁行动"，引进高水平青年创新团队，通过"头雁＋团队＋平台＋项目"模式，为区域发展积蓄科技创新发展力量。

三是从短期引才逐渐转变为注重中长期引才。东北三省从振兴发展的全局以及人才成长的长远发展的战略眼光出发，在人才引进方面更加注重中长期的发展和规划，设立"人才飞地"，更好地为引进人才做好保障。

3.注重科技创新人才留用工作

人才发展的关键和核心是使用，要在科技创新事业中使用人才。东北三省在科技创新人才留用方面更加科学化，致力于打造人才留用软环境，吸引更多科研人员以及科技创新团队留下来。

一是建立健全科研经费管理机制，为科研创新人才提供更为宽松的创新环境。东北三省逐渐改革科研经费管理机制，形成更具有活力的科技管理和运行机制，激励科研人员更加潜心创新研究。辽宁省出台的《关于优化科研管理提升科研绩效若干措施的通知》不断简化科研经费申请流程，减少科研人员在经费申请以及使用方面的不必要操作和审核检查流程。吉林省颁布的《关于改革完善省财政科研经费管理的实施意见》中也更加注重扩大科研项目在经费管理和经费使用方面的自主权，不断完善科研项目经费的拨付机制，加大对科研人员以及科研团队的激励力度，最大限度地给予科技创新人员的自主权和更为良好的创新环境。黑龙江省印发的《关于改革完善省级财政科研经费管理的措施》完善科研项目经费投入渠道和拨付机制，不断减轻科研人员和科技创新团队在经费申请等方面的事务性负担。这些都为科技人才和科研团队的留用工作提供了更加良好的政策环境。

二是优化科技人才福利待遇。东北三省不断加大在科技创新方面的资金投入，多方面优化科技人才福利待遇，通过物质激励和精神激励相结合的方式，为科技人员提供更为优质的待遇，为人才留用制造了更加良好的发展氛围。

（四）健全和完善科技创新服务体系

健全和完善科技创新服务体系是促进区域科技创新发展的重要组成部

分，也是提升政府科技服务功能的重要举措。近年来，东北地区通过推进科技资源共享服务体系以及科技人才交流合作机制，促进科技创新资源共享，深入实施知识产权战略，保障科技创新人才合法权益。

1. 加快科技创新平台建设

科技创新平台的建设有助于为科技资源共享提供更为便捷的空间。辽宁省科学技术厅积极推进科技创新基地建设，充分发挥基地在科研攻关、资源共享、人才培育等方面的优势。辽宁省设立国家科技创新中心，面向国家战略需求以及科技创新市场发展需要，联合攻关关键技术，加强平台的科技创新经验交流。吉林省通过建立科技创新资源共享服务平台，以市场需求为导向，促进科技资源共享区域间流通，推动创新平台与各个高校、科研院所以及机构之间的资源共享。黑龙江省围绕战略性新兴产业和优势产业发展需求，推动建立科技资源共享平台，深化产、学、研合作，加速科技成果转化。此外，东北三省致力于加强专业性的创新平台建设，大力支持科技型中小企业，加快推进科技创新工程技术中心、技术创新中心、重点实验室等科技研发机构的建设。

2. 科技中介服务体系快速发展

科技中介是促进科技创新发展和技术创新创业的重要桥梁和纽带，对加速科技成果转化、推动科技企业孵化起着重要作用。

一是积极鼓励科技中介服务机构发展。辽宁省出台的《辽宁省自主创新促进条例》为推动科技中介服务体系的发展提供了更为明确的政策导向。吉林省颁布的《关于加快科技服务业发展的实施意见》通过政府引导、市场导向，充分突出了企业的主体地位，打破了各个主体之间的壁垒，促进协同创新，共同推动科技创新服务业的发展。黑龙江省制定的《黑龙江省中长期科技发展规划纲要》中将健全科技创新服务体系作为科技创新工作的重点任务之一，充分发挥科技创新机构在促进科技与经济相结合的纽带作用，推动科技创新机构发展。

二是加快科技企业孵化体系建设，夯实创新基础。东北地区建设科技企业孵化体系为培育和扶植高新技术型中小企业服务，有助于强化孵化器自身建设，提升自身创新驱动发展能力。辽宁省通过成立科技创新孵化联盟，推动集聚非盈利性社会组织，促进资源开放共享，致力于发展一批具有潜力的创新型中小企业，为科技创新发展打造平台。吉林省多方位支持建设科技企业孵化器，推动大学科研成果转化，不断提高综合创新服务能力。黑龙江省制定的《黑龙江省人民政府关于促进科技企业孵化器和众创空间发展的指导意见》进一步优化对科技企业孵化器和众创空间的管理与服务，营造有利于创新创业良好发展环境。

三是完善科技金融服务体系。东北三省设立的各项科技创新基金，设立了多元化的科技投入机制，拓宽了科技创新型企业、创新创业企业的投资和融资渠道，设立科技金融试点园区，为科技创新发展提供资金支持和保障。

3. 深入实施知识产权保护战略

随着科技创新的发展，公众对于知识产权保护的意愿和诉求更加强烈。东北三省大力实施知识产权保护战略，推动科技创新成果保护工作，有助于推动科技创新工作发展，进一步激发科研工作者的创新动力。东北三省严格贯彻落实中央关于知识产权保护战略，不断加强顶层设计，根据地区产业发展特色，制定符合本地区科技创新发展的一系列政策。辽宁省印发了《关于强化知识产权保护的实施意见》，并成立知识产权保护服务中心。

吉林省实施了《全面加强吉林省知识产权保护工作方案》，不但完善和提高了知识产权保护工作法治化水平，并积极开展"三打一护""铁拳攻坚双百战役"等一系列知识产权保护行动，形成全链条产业保护。黑龙江省印发了《黑龙江省"十四五"知识产权保护和运用规划》，加快建设辐射全省的知识产权保护公共服务网络体系。由于知识产权保护处于起步阶段，当前关于知识产权保护的机制体制有待进一步完善，现存的知识产权的总体运用水平较低、知识产权多头管理致使效率低下、知识产权侵权定义不明确、侵权行为严重、维护权利困难等一系列问题还有待进一步解决。

二、东北地区科技创新一体化发展亟须破解的难题

推进东北全面、全方位振兴以来，东北地区在科技创新发展中政策体系的建立与完善以及科技创新服务的发展方面取得了一定成果，为区域科技创新发展赋予了新的动能。但当前东北地区科技创新一体化发展在推动科技创新协同发展政策体系有待完善、科技创新的产业化协同不足、创新资源空间分布失衡、科技创新人才引进机制有待完善、经济边界弱化了科技创新要素的区域共享等方面都面临着困境，导致区域科技创新资源流通不畅、资源配置失衡，制约了东北地区区域科技创新一体化发展。

（一）推动科技创新协同发展政策体系有待完善

科技创新政策是促进科技创新发展的关键。近年来，虽然东北地区的科技创新协同发展体制改革工作取得了一些进展，但是总体上来说，制约创新活动的深层次科技体制机制障碍还没有完全被打破，科技创新投资融资政策缺乏链条性，产学研结合政策缺乏系统性，激励科技创新政策有待进一步优化。

1. 科技创新投资融资政策缺乏链条性

一是科技金融资助政策的支持力度有待进一步加强。东北三省颁布了一些有关科技金融扶持的政策，但与科技创新市场需求相比，当前科技金融扶持政策存在着政府统筹力度不足的问题，导致有限的金融资金被分割。吉林省科技金融的规模较小，金融产品种类较少，政府对于科技型企业的金融资金支持力度与地区科技型中小企业自身的融资需求之间仍存在很大差距，组建的资助科技创新型金融机构创新发展不足，信息渠道来源不规范，导致与科技型企业之间的信息不对称，制约了科技创新发展。辽宁省与黑龙江省目前的科技资助支持政策对科技创新型中小企业的要求、限制以及监督检查管理较多，企业申请金融资本过窄，不利于更多的科技创新型企业享受到经费的支持。

二是科技金融保障机制不健全。东北三省近几年来更加注重科技金融对科技创新发展的重要性，但在科技金融体系制定中还需要进一步完善和改进。政策制定要充分结合国家政策发展体系与区域发展实际，东北三省在科技金融保障机制建立时并未充分考虑地区工业发展基础和产业发展特色，政策制定缺乏一定的针对性和有效性，这在一定程度上制约了东北三省科技创新发展。

三是科技金融自主创新能力弱，缺乏专业型的人才。企业对于科技金融产业的需求逐渐增长，但在现有的教学体系中缺乏特定人才培养。很多企业虽然有自己的人才培养体系，但从总体上看，东北地区在有关科技金融专业型和科技创新复合型人才方面还存在缺口较大的问题。

2. 产学研结合政策缺乏系统性

东北地区作为老工业基地，虽然企业在数量和类别上具有一定优势，但是产学研一体化发展仍存在一定问题，主要表现在以企业为主体、产学研合作的创新观念和政策体系尚未完全建立。

一是产学研合作的思想观念有待于进一步转变。在产学研用发展过程中，企业是科技创新的主体，应充分发挥科技创新型企业在产学研结合发展中的主体地位，但是由于产学研结合发展受政府政策扶持以及创新资源供给方面的影响，政府在产学研发展中占据的比重较大，不利于发挥企业在市场导向方面的作用。尽管产学研合作各方认识到科技创新的重要性，但对于合作方面的认知有待进一步加强，各主体在创新成果、创新理念以及科技创新合作模式方面有待进一步沟通协商。

二是缺乏产学研协同创新所需要的高层次人才。东北地区具有丰富的科教资源优势，但在跨学科培养以及个性化人才培养方面存在不足，教学理念和教学手段也相对落后，与企业科技创新发展实际结合较少，教学缺乏系统性和针对性，导致产学研协同创新发展人才储备不足。

三是产学研合作机制不够完善。产学研合作涉及政府、企业、高校、科技中介机构等主体，各方都处于不同的主管部门，在协作和利益协同方面的机制体制建立有待于进一步完善。东北三省出台了一系列有关鼓励产学研结合发展以及促进科技创新创业的政策制度和项目举措，但倡导性政策居多，对于具体的推动跨地区产学研发展的政策支持相对较少，产学研发展的具体配套实施细则也不够完善，未能形成适合东北振兴的产学研一体化协同创新模式。

3. 激励科技创新政策有待进一步优化

近年来，东北地区注重对科技创新激励体制的改革发展，加大对科研项目的资金支持和科技人才的激励，科研生态环境得到明显的改善与提升，科技创新人员的创新创造活力和获得感也稳步提升。但同时，东北三省现行的科技创新激励机制有待进一步优化改善，科技创新激励政策也有待进一步落实到位。

一是东北地区与京津冀、长三角、珠三角地区相比，科技创新激励方式以及激励政策的种类和数量相对单一，并且政策缺乏地区特殊性，不能完全满足东北地区战略性新兴产业发展的实际需要。科技创新激励政策的强度不够，对高层次科研人员吸引力较弱，而且中小型科技创新型企业与大型企业相比，激励力度相对较少，现有的激励政策对企业创新型人才和基础性、公益性行业的科技人才激励不足。

二是物质激励与精神激励更需权衡。东北地区关于科研人员的激励政策，在物质激励与精神激励方面偏差较大，过于偏重对科研人员和科技创新团队的物质激励，在一定程度上缺乏对科研人员更加需要的精神层面和价值层面的激励。东北三省制定的科技创新人才引进制度、荣誉奖励等，多是通过物质利益紧密挂钩的激励方式。

三是长期激励亟待落实。东北地区科技创新的激励政策与保障政策缺乏同步性。仅靠单一的物质奖励与精神奖励，无法充分保证海内外科研人员扎根东北地区进行创新创造，要以长远的眼光来制定符合科研人员实际生活需求的保障政策。近年来，东北三省在相关激励政策中对科研人员在安家保障、医疗保障、子女教育、社保补贴等方面进行的补充完善，但在实际落实中还存在一定的问题，有待进一步解决。

（二）科技创新的产业化协同不足

科技创新成果的产业化是科技创新活动的最终目标，产业化协同是区域科技创新一体化发展中非常重要的一环。黑龙江、吉林、辽宁三省之间技术交易市场发育程度不同，三省之间的技术输出增速慢、比较率低，技术要素和成果转化较少，三省之间创新供给与需求难以充分对接。

1. 东北地区科技创新能力呈现明显的梯度差异

东北三省在科技创新能力方面发展不平衡，这种不平衡会制约区域整体科技实力的提升，阻碍区域间科技合作的可持续性。2020 年辽宁省的公共预算支出中科学技术支出为 72.71 亿元，专利申请量为 86527 件，专利授权数量为 60185 件，经费为 3353222 万元，项目数量为 12544 项。吉林省的公共预算支出中科学技术支出为 39.94 亿元，专利申请量为 34438 件，专利授权数量为 23951 件，规模以上工业企业研究与试验发展全时当量为 11806 人，经费为 776448 万元，项目数量为 2481 项。黑龙江省的公共预算支出中科学技术支出为 42.98 亿元，专利申请量为 43252 件，专利授权数量为 28475 件，规模以上工业企业研究与试验发展全时当量为 14272 人，经费为 776634 万元，项目数量为 3186 项。辽宁在科技投入、研发经费支出、专利申请量及授权量等方面远超吉林、黑龙江两地，表明辽宁的高新技术产业比吉林、黑龙江两地更具活力。显然，三地政府囿于自身利益各自制定经济发展规划、缺乏统一协作，使得资源要素缺乏高效配置，在产业发展中缺乏协同。同时，东北地区区域之间缺乏有效的跨区域产业规划协作。东北三省的产业同构性较高，在主导产业选择上具有趋同性，高新技术向主导产业的渗透和传统产业的改造有待加强。

2. 东北地区缺乏有效的科技成果转化能力和平台

科研与生产相脱节，科技成果转化率较低。"科技成果倘若不进入生产过程，就不能真正与经济融合，就发挥不了'第一生产力'的驱动作用。"①当前，东北地区科技企业孵化器的质量有待进一步提升。科技企业孵化器效用未能充分发挥，同时会直接关联到东北地区高新技术产业开发区的发展。近年来，大量社会主体投入到创新创业的发展中，虽然孵化载体的规模不断扩大，但设置的门槛较低，进入孵化器的企业良莠不齐，忽视了行业特色，出现定位不清、目标不准、规划不到位、供给过剩等问题。部分孵化器在专业化方向的确立上与东北地区产业特征不匹配，造成部分孵化器资源集聚功能和专业服务能力较差。东北地区科技孵化器增值服务供给不足，很多孵化器的服务往往只停留在提供平台和物业管理的层面上，难以提供优质的增值服务；东北地区政府对孵化器的服务倾向于政策供给，而在创业体制、配套服务体系和资助奖励等方面都还需要进一步加强。

3. 体制机制障碍影响了科技创新市场的开放共享

科技创新市场的开放共享和科技创新要素的自由流动是促进区域科技创新一体化发展的基础。东北三省在破除区域壁垒、取消各种体制性和行政性障碍等方面做了大量工作，但也存在着一定问题。科技创新一体化发展中重要的一项就是制度，东北三省在科技创新市场开放共享机制建设、促进科技创新资源共享方面还存在一定不足。

一是开放共享机制还不健全。东北三省在科技资源共享建设方面取得一定成果，辽宁、吉林、黑龙江相继出台关于推进大型科学仪器共享机制，共同构建了区域科技资源共享平台，但三省之间关于科技资源共享的具体举措方面的相关工作尚未形成统筹合力。科技资源的数量以及规模与区域

①王芳.创新驱动战略视域下的科技成果转化问题探析[J].山西高等学校社会科学学报，2021，33（10）：42-46.

科技创新一体化发展的需求相比还存在一定差距。虽然东北三省政府支持科技资源开放共享，但实际中所形成的科技资源的汇交、整合与共享仍然缺乏一定的制度性约束，导致区域之间科技创新资源开放共享还存在一些制度性障碍。

二是市场机制作用还没有充分发挥。在东北地区科技创新资源配置过程中政府的行政力量占比重较大，且由于三省之间科技发展水平不一致，在协作过程中出于保护自身发展利益导致在合作理念和合作思路方面有所不同。此外，东北地区的科技创新资源的专业化服务机构及专业化人才队伍短缺，更是制约了区域科技创新一体化的发展。

（三）创新资源空间分布失衡影响要素优化配置

东北地区科技创新资源富集，但在空间分布不均，相对比吉林省和黑龙江省，辽宁省聚集了比重较多的人口、科技、教育、文化等资源要素，东北三省之间的科技创新资源空间和科技创新行业分布不协调，创新资本投入存在差异、创新人才分配不均衡等现象明显。

1. 东北地区科技创新资源空间和行业分布不协同

东北地区科技创新资源分布不均，导致三省在创新性产业发展方面凝聚力不足，已经成了阻碍东北地区科技创新一体化发展的突出问题。

一是东北地区科技创新资源在空间上分布不均。东北地区科技创新资源丰富的地区大都集中，并且依托丰富科技创新资源，这些地区科技创新型产业发展良好。但在黑龙江省的东部、吉林省以及辽宁省边远的县区等，科技创新资源以及产业发展都比较落后。东北地区国企占比较大，科技创新资源大都集中分布在大型国有企业，而中小型科技创新企业由于大型企业的集聚，只能为生产提供配套设施，导致科技创新产出不足，科技创新意识不强。

二是东北地区科技创新资源行业分布不均。东北作为老工业基地，在重工业发展方面占有独特优势，并且科技创新发展主要集中在装备制造业、汽车制造业、医药制造业、轨道交通制造业以及航空航天制造业等，工业总产值集中在金属冶炼和压延加工业、非金属矿物制品业、石油加工、炼焦和核燃料加工业等领域。此外，东北地区产业聚集较为松散，导致科技创新型企业之间在技术创新分享、共同开发产品等方面存在一定难度。

2. 东北地区科技人力资源配置不均衡

东北老工业基地科技人才资源相对来说较为丰富，但是科技人力资源在地区和行业分布方面存在配置不均衡的问题。东北老工业基地的区域科技人力资源配置不均衡表现在以下两个方面。

一是区域分布不均衡。东北地区高校数量分布较为均衡，其中辽宁省高校数量为 46 所，吉林省高校数量为 53 所，黑龙江省高校数量为 40 所，但三省省会城市拥有的高等院校数量较多，其他城市则较少。东北三省的教学与科研人员数量分布有所差异，其中辽宁省教学与科研人员数量为 44470 人，其中科学家与工程师为 43363 人；吉林省教学与科研人员数量为 28135 人，其中科学家与工程师为 27576 人；黑龙江省教学与科研人员数量为 39523 人，其中科学家与工程师为 38829 人。

二是科技创新型人才结构不均衡。东北地区科技创新人才结构与东北区域科技创新一体化发展的实际需求的相比匹配性较差。东北地区的基础性学科人才多，这对基础学科的研究较为有利，但是应用型人才少，导致科研成果转化率较低。生产管理型人才多，经营、营销类人才少，导致科技创新市场化发展水平较低。此外，东北地区高度重视基础工人的科技创新发展，但又由于传统的就业思想导致生产一线高技术科技人才过少。这种"既多又少"的错位现象是人才结构与经济结构发展不相匹配的表现，更是科技人才的一种隐性浪费。近几年来，随着东北地区各种科技创新型人才引进措施的不断发展壮大，科技创新人才尤其是高层次的科技人才以及科研团队中外地人口不断增加，人才的流动性也比较大，这些科研人才和科研团队一般以项目为依托，归属感较弱，一旦政策扶持力度不到位，就容易流动，人才流失比率较高。

3. 东北地区科技创新资本投入不均衡

最近几年来东北地区经济发展速度逐渐提升，GDP 增速较快，经济发展为科技创新投入奠定了良好的基础，三省在科研创新方面的资金投入也较前几年有所提升，但是 R&D 经费与全国发展较好的区域相比仍然较低，并且三省之间在科技创新资金投入方面也存在一定差距，其中 2020 年辽宁省的公共预算支出中科学技术支出为 72.71 亿元；吉林省的公共预算支出中科学技术支出为 39.94 亿元；黑龙江省的公共预算支出中科学技术支出为 42.98 亿元。辽宁省的科技创新投入高于吉林、黑龙江两省。此外，东北地区在重工业产业转型升级方面的投入较多，对新兴产业发展扶持力度与上海、深圳等地区相比仍然较少，发展水平有待进一步提升。

（四）科技创新人才引进机制有待完善

近年来，东北地区在科技创新发展方面势头强劲，科技创新型人才队伍建设工作也取得良好的成效。但东北地区在科技人才引进机制方面存在一定的问题，科技创新人才选拔和评价标准较为单一、科技创新人才发展生态环境不够宽松等问题，进一步导致东北科技人才结构不平衡和整体水平不高。

1. 科技人才结构不平衡，整体水平不高

东北地区科技创新人才结构不合理主要表现在科技创新人才供给与需求不平衡以及科技创新人才分布不均衡等方面。新时代东北地区全面振兴战略实施以来，东北三省更加侧重于推动地区科技创新发展，但在科技人才结构方面仍存在一定问题。

一方面，东北地区高层级科技人才流入较少，且科技创新人才外流倾向明显，在一定程度上制约着东北地区科技创新发展。长期以来东北地区受经济发展影响，在高新技术产业方面与国内长三角、京津冀等区域存在一定发展差距，高新技术产业大都分布在国内经济发展水平和政策条件较好的区域。东北地区高新技术产业分布较少，加之东北地区科技创新产业并没有随着东北全面振兴战略而蓬勃发展，导致对高新科技人员的实际需求较少，造成东北地区高层次科技人才流入较少，以及本地区科技人才流出较多的现象。此外，东北地区科技创新人才主要分布在传统制造业和教育行业，新兴科技行业科技创新人才分布较少，造成科技创新人才行业分布不均衡。

另一方面，近年来，东北地区为了遏制科技创新人才流失愈演愈烈的现状，东北三省的地方政府分别制定和实施了诸多科技人才引进政策，但存在人才引进政策吸引力不足的问题，未能有效解决东北地区科技创新人才缺失问题。

2. 科技创新人才选拔和评价标准较为单一

东北地区科技创新人才选拔和评价机制逐步完善和发展，但仍存在着科技创新人才选拔制度中限制条件不合理以及科技创新人才评价体系创新性不足的问题，这对科技创新人才的留用造成一定的挑战。

一方面，科技创新人才选拔制度限制过多。东北地区科技创新人才选拔制度对科技创新人才的工作年限、科研工作经历以及年龄等限制条件过多，不利于充分展现青年科技创新人才的实力。部分科技创新型企业在选人用人方面还存在着"唯学历""唯资历""唯论文"的倾向，设置学历资历、硬性条件等不科学的人才选拔机制。

另一方面，科技创新人才评价体系创新性不足。长三角、京津冀等地区实施的优化科技人才分类评价制度，不断突出质量贡献为导向的评价标准，并进一步加强落实对评价结果的有效利用，这为科技创新人员提供了更为宽松的发展环境，有效推动原始性创新发展。而东北地区现行的科技创新人才评价标准同质化现象严重，现行政策中对科技创新型人才的界定过于形式化，并没有与东北地区科技创新发展现实情况相结合，在一定程度上缺乏创新性。

3. 科技创新人才发展环境不够宽松

"人才环境影响人才流向及其创新能力发挥。"[1] 良好的科技创新发展环境是人才成长发展的重要基础，宽容的科技创新人才发展环境能够吸引更多的科技人才。东北地区科技创新人才发展环境不够宽松主要表现在以下两个方面。

一是科技创新氛围不足，"双创"环境搭建有待改善。从全国来看，东北地区与南方创新创业活跃地区相比，创新创业环境仍然存在一定差距，东北地区科技创新氛围不强，受传统科技创新思想中"以成败论英雄"的惯性思维影响较重，在营造"宽松失败"的创新文化方面与东部发达地区

---

① 崔宏轶,潘梦启,张超.基于主成分分析法的深圳科技创新人才发展环境评析[J].科技进步与对策，2020，37（07）：35-42.

相比氛围不强。在东北三省中，辽宁省在科技创新投入、科研氛围营造等方面都属创业一般活跃地区，吉林省属于创业不活跃地区，黑龙江省受地理位置限制以及经济发展原因属于创业沉寂地区。虽然近两年创新创业活力提升，但在科技创新机制体制建设、科技创新平台建设、科技创新服务企业的扶植力度等方面仍存在一定差距。

二是科技创新人才支持环境有待提升。东北地区在科技人才引进机制制定方面还有待于进一步改善，如提高科技人才的工资待遇、科研经费申请、科技成果转化等问题；有关科技人才服务环节的具体措施还有待进一步落实，如科技人员的子女入学问题、配偶就业问题等。

（五）经济边界弱化了科技创新要素的区域共享

黑龙江、吉林、辽宁三省之间经济发展差距较大，产业结构梯度差异大，辽宁经济发展水平高于黑龙江、吉林，并且三省之间缺乏产业链各环节的协同创新，东北三省经济边界弱化了地区科技创新要素的区域共享。

1. 东北地区三省之间经济发展落差大

2020 年，东北地区生产总值 51124.33 亿元，其中辽宁省地区生产总值为 25114.96 亿元，吉林省地区生产总值为 12311.32 亿元，黑龙江省地区生产总值为 13698.05 亿元。黑龙江省地区生产总值与辽宁省相比存在明显的落差。2020 年东北地区三省省会中心城市 GDP 全国排名总体靠后，其中长春市 GDP 全国排名为 13，GDP 份额为 6638.03 亿元，吉林省省份 GDP 份额为 12311.32 亿元。沈阳市 GDP 全国排名为 14，GDP 份额为 6571.6 亿元，辽宁省省份 GDP 份额为 25115 亿元。哈尔滨市 GDP 全国排名为 17，GDP 份额为 5183.8 亿元，黑龙江省省份 GDP 份额为 13698.5 亿元。经济发展水平在一定程度上也制约着东北地区科技创新发展。东北地区整体经济发展水平有所提升，但东北三省的经济发展差距呈现拉大的趋势，并且在东北振兴发展背景下，东北三省经济发展总体水平并不能满足科技创新一体化发展需求，这成为东北地区科技创新一体化发展的重要阻碍。三地创新供给与需求难以充分对接。东北三省科技创新能力呈现明显的梯度差异，2021年中国区域创新能力综合排名中，吉林省第19名，辽宁省第20名，黑龙江省第26名。黑龙江省的科技创新能力是东北地区创新能力的短板，在产业配套、人才支撑等方面的承接能力方面与吉林、辽宁之间存在着一定差距，制约了东北地区科技创新一体化发展的形成。

2. 产业结构梯度差异大

"经济差距背后是区域产业结构的差异。"[1] 失衡的产业结构是导致东北科技创新发展推进缓慢的主要原因。东北经济长期以来以重工业制造等第二产业为主，第一产业、第三产业发展不够充分。一是产业结构趋同。东北地区第一产业占比相对小，农业机械化水平以及现代农业发展水平显著提升，但科技水平应用较窄，导致经济效益与世界发达国家农业发展经济效益差距较大。近年来，东北地区第二产业比重逐渐低于第三产业，科技创新对第二产业发展的支撑作用并不显著。且第三产业发展与国内经济发展水平较高区域相比相对滞后，对经济发展无法起到较好的拉动作用。从2020年东北地区三产业比来看，辽宁省为9.1：37.4：53.5，人均地区生产总值为58872元；吉林省为12.6：35.1：52.2，人均地区生产总值为50800元；黑龙江省为25.1：25.4：49.5，人均地区生产总值为42635元。从三产业的占比情况来看，东北地区三大产业的比例虽然在不断地优化，

---

①陈玉玲.京津冀科技创新要素市场一体化面临的困境及对策[J].湖北社会科学,2021（03）：91-98.

但与国内长三角、京津冀、粤港澳等地区三产业比例相比，东北地区第三产业在总体结构中占比仍然较低。

3. 缺乏基于产业链发展各环节的协同创新

在东北地区科技创新一体化发展中，需要协同区域科技创新力量。

一方面，东北地区产业类型多属于短链条产业，产业基础能力较弱，三地产业分工不明显导致产业之间的关联带动能力较弱，跨区域产业链融合效果与预期水平相比不佳，并且东北三省基于技术、科技创新关键资源以及科技创新产业的市场优势尚未形成。

另一方面，东北地区的高新科技产业尚未形成完整的产业链，各地区之间缺乏协同创新。东北地区缺乏高新科技产业发展的龙头企业，分工合作、利益共享的一体化组织新模式也尚未形成发展。此外，区域产业链的发展需要资金支持，东北地区特色装备制造业产业链、重化工业产业链、医药产业链等产业的研发成本都比较高，需要协同区域政府、企业、科研机构等力量共同投入大量的研发资金。然而在东北地区创新产业发展的实际运作过程，产业研发资金的投入与产业规模增长速度不相称，加之东北三省各个科研院所以及科技创新机构与科技型企业之间缺乏长期稳定的合作关系，导致东北地区整体科技创新能力较弱。

︱第四章︱

国内外科技创新一体化建设的经验及启示

我国科技创新依托区域一体化取得了长足发展，并在京津冀、长三角、粤港澳大湾区形成了科技创新一体化示范区，为我国科技创新发展提供了经验借鉴。我国以重点区域的科技创新一体化辐射带动全国科技创新的发展，同时借鉴国内外科技创新一体化的有益经验，促进科技创新的持续发展。

一、国内科技创新一体化建设的经验及启示

国内科技创新一体化发展离不开区域一体化的战略支撑。我国科技创新以京津冀、长三角和粤港澳大湾区等地区的科技创新发展建设为牵引，辐射带动了国内其他地区的科技创新发展。通过对京津冀、长三角、粤港澳三大经济区科技创新一体化发展有益经验的总结，可以为东北地区科技创新一体化发展提供参照借鉴。

（一）京津冀科技创新一体化发展经验总结

在国家政策的支持下，京津冀充分吸引了科研机构、金融机构、政府部门等创新主体的参与，促进了各类科技创新资源的整合。科技创新的主体是各类科技人力资源，京津冀地区不断推动专家智库队伍的建设，并逐步完善专家资源置换、共享机制，促进了京津冀三地的科技资源共享，促进京津冀地区产业结构调整，推动京津冀地区科技创新一体化发展。

1. 着力搭建协同创新战略研究平台，广泛吸纳各类科技创新主体参与

京津冀科技创新一体化离不开国家战略政策的推动与支持。2014 年，北京市科学技术委员会、天津市科学技术委员会、河北省科学技术厅共同签署了《京津冀协同创新发展战略研究和基础研究合作框架协议》，着力打造京津冀创新发展战略高地，搭建协同创新战略平台。京津冀科技创新一体化充分发挥北京的辐射带动作用，推动天津、河北等地的创新协同。

着力搭建协同创新战略研究平台，充分调动中央和三地智库的研究力量是推动京津冀科技创新一体化发展的重要抓手。政府落实主体责任，投入大量的物力、财力、人力等资源，积极支持协同创新平台的构建，有力促进三地科技创新的协同发展。京津冀地区科技创新的发展也存在一定差距。北京科技创新能力较强、科技创新主体丰富且力量强大，相比于天津、河北等地具有得天独厚的优势。天津科技创新水平和能力也有了较为明显的提高。河北作为京津冀三地中科技创新较为落后的地区，由于其产业结构偏向重工业，科技创新资源和科技创新人才方面与北京、天津存在较大差异。以三地间战略研究平台的构建为依托，强化科技创新资源的有效转化，进一步推动了京津冀三地城市创新主体的协作研发，实现科技创新要素的内在转化。在区域协同创新战略研究平台下，推动京津冀三地科技创

新要素的流动，更好促进科技创新成果的转化。区域协同创新战略研究平台促进了科技创新资源的整合，充分调动了包括企业、科研院所、金融部门、政府部门等区域内各类科技创新主体的参与。

广泛吸纳各类科技创新主体参与是提升创新主体能力、发挥创新绩效的重要途径。科技创新离不开各类科技创新主体的参与，科技创新主体间的创新能力协同演化，促进区域经济的协同发展。京津冀通过企业、高校、科研机构、金融机构、政府部门等创新主体的共同参与，实现科技创新资源的有效整合。

一是各类科技创新主体的参与使各个科技创新主体充分发挥自身优势。京津冀构建协同创新战略研究平台，调动科技创新主体的内生动力。

二是完善各类创新主体的合作沟通机制，强化科技创新资源的整合，推动科技创新成果的高效转化。近年来，京津冀搭建起协同创新战略研究平台，不断吸纳各类科技创新主体参与到科技创新中，使得科技创新的源动力得到持续补充，促进各个创新主体的优势资源充分流动，为科技创新发展提供重要的人才支撑。

三是强化创新主体应对外部市场环境冲击的响应能力。市场竞争的日益加剧，科技创新主体需不断释放自身活力及优势，不断适应市场发展需求变化，推动科技创新的长足发展。

京津冀科技创新坚持做好顶层设计，为京津冀地区创新发展提供战略支撑。京津冀搭建协同创新战略研究平台，高校、科研机构联合申报科技部相关项目，为科技创新提供了坚实的理论根基。京津冀三地积极推动科技创新主体在科技创新一体化的参与度，并进一步积极探索三地新型智库建设，不断为科技创新一体化提供动力支撑。围绕京津冀地区科技创新协同发展，广泛吸纳各类科技创新主体参与，培育科技战略研究团队。在战略研究平台基础之上共建共享战略研究成果，促进高校、科研机构、企业、金融机构、政府部门等各类创新主体在战略研究平台基础上充分发挥自身优势。企业、金融机构在科技创新成果的转换中始终发挥着重要作用，随着市场竞争日益激烈，京津冀着力构建协同创新战略研究平台以解决信息交流不畅、工作对接机制不够健全等问题，更进一步促进了科技创新在经济发展中的作用。

2. 着力搭建基础研究交流平台，推动基础研究资源共享

京津冀地区着力搭建基础研究交流平台，根据不同地区存在的优势进行协同发展，降低三地资源的差距，也为京津冀区域科技创新一体化的发展提供载体。搭建基础研究交流平台是进行科技创新的重要载体，基础研究作为科技创新的重要源头，基础平台的搭建为推动科技创新一体化提供了平台。科技创新不断取得新突破，提高了各类资源的有效利用，从而不断提高区域经济创新发展的能力。

搭建基础研究平台是促进京津冀科技创新一体化的关键所在，基础研究交流平台为探索科技创新一体化提供了战略支撑。京津冀地区的科技创新需要相互衔接、统筹规划。近年来，国家重点实验室、科学研究中心、科研院所联盟等基础研究平台的构建，促进了科技创新资源的共享。基础研究交流平台的搭建是在我国创新驱动发展战略的重大战略决策的推动下提出的，这也是国内外环境的新变化提出的新要求。通过基础交流研究平台的搭建可以进一步提升科技创新能力和效率，以科技创新来催生经济发展的内在动力。京津冀基础研究平台的协同构建从三方面着力。

一是建立京津冀地区的共享科技报告体系。科技创新的持续发展离不

开研究的深入推进，京津冀科技资源丰富，面对社会关注的热点问题，京津冀基于基础研究交流平台，充分挖掘京津冀三地独特的优势资源，实现资源优势互补，进而为科技创新一体化奠定基础。

二是京津冀地区深入推进三地产学研用协同创新。科技创新包括投入和产出两部分的要素，投入包括人员、资金、场地设施投入，产出则包括发表论文和出版专著的数量以及各类专利的产出等。推动重点实验室创新战略联盟作为基础研究交流平台的重要方式，为推动科技创新一体化的发展提供了有力保障。

三是京津冀地区共同推进青年科学家论坛等基础研究平台的构建，在基础研究层面，京津冀三地进一步促使科技资源在区域间流动、共享。着力搭建基础研究平台，补齐各地科技创新存在的短板，面对科技创新存在的难点、热点等问题，在基础研究平台的构建之上，京津冀三地资源共享，推动难点问题的共同解决。

推动基础研究资源共享是实现科技创新一体化的重要依据。资源共享是京津冀一体化发展的基础，更是实现区域发展协作的重要动力。京津冀科技创新存在地区差异，北京作为首都，聚集着丰富的科技资源，包含科技人才、科技创新环境等各类因素，推动基础资源共享着力从三方面协同推进。

一是以北京为龙头，牵头组建京津冀科研院所联盟，构建起科技创新资源共建共享的关系。在京津冀一体化的大框架下，构建京津冀三地科技创新合作的桥梁。在科技创新一体化的支撑下相继形成了北京与天津市科委共同成立的天津京津研究院、与秦皇岛市委市政府共同成立的京河研究院、与邯郸市政府共同成立的北京科技研究院邯郸分院等科研院所联盟。

这些科研院所联盟的构建为信息共建共享的实现提供了可能。

二是设立京津冀三地合作专项，推动热点、难点的攻关。京津冀三地科技创新一体化的实现离不开三地对其存在的共性、难点问题的联合攻关研究。京津冀三地在集中有共性需求的重点领域中鼓励京津冀三地科研人员申请合作专项项目，合作专项项目要三地共同组织、共同构建，紧抓京津冀地区区域发展短板，集中力量开展区域联合攻关。通过三地合作专项项目的设立，推动京津冀三地共同解决重大共性科学问题，为科技创新成果的有效利用奠定了基础，促使三地优势资源在科技创新领域的共享与转化。

3. 大力完善专家资源交换、科技资源共享机制

人才资源是京津冀地区科技创新一体化最主要的优势。京津冀地区高校云集，高等教育资源十分丰富，科技创新人才较多聚集在各个高校及科研院所，北京、天津等地要充分发挥教育资源优势，大力完善专家资源置换机制，推动京津冀三地专家资源实现共享。推动京津冀三地专家资源共享机制建设，为京津冀三地科技创新提供人才支撑。专家资源是推动科技创新的中坚力量，而高校作为科技创新的主体，既是专家资源的来源，又推动了专家资源置换的实现。京津冀一体化提出以来，北京、河北、天津就分别建立了专家库，在推动京津冀区域发展中发挥了较大作用。北京、天津、河北等地分散建立的专家库，有些专家的资源和信息被单一局限在某一行政区域，阻碍了专家资源的跨区域流动与共享。创新资源共享已成为不可避免的趋势。专家资源共享的实现离不开专家资源的跨区域流动，进而为专家资源置换机制的完善提供了现实前提。

推动京津冀三地专家资源置换是实现京津冀科技创新一体化的重要基

础。"资源直接影响科技创新能力的发展"①，尤其是人才资源在科技创新中起着至关重要的作用。京津冀着力三地人才资源与科技资源共享等要素的互通、互补，不断完善专家资源的置换机制，"构建开放包容的科技人才市场"②，推动京津冀地区科技创新协同发展。

一是推动专家智库队伍的构建，在京津冀三地建立开放流动的智库人才使用机制。在高校、科研院所等科技创新人才的支撑下，积极选拔高端人才，广泛吸纳吸引多元学科背景的高层次人才在科技创新中发挥作用。专家资源智库的构建壮大了专业技术领域的人才资源，为科技创新的发展起到了核心引领作用，也为科技创新的平台构建提供了关键支撑。专家智库队伍的构建坚持以难点、热点攻关项目为前提，发挥好专家在科技创新中的重大作用。

二是重视专家人才资源的区域流通置换。科技创新离不开专家资源的支撑与保障，专家资源流通共享置换机制的缺失与滞后，导致科技创新成果的转化存在滞后性。把握科技创新的主线，形成专家资源的有效流动以及资源共享，构建较为完善的人才服务平台，立足于科技创新的持续发展，完善专家资源置换机制，加快推进专家资源的置换共享，最大程度发挥京津冀地区专家资源的作用。

三是构建专家资源共享机制，京津冀地区发挥人才资源在科技创新中的优势，以专家资源跨区域共享机制带动京津冀地区科技创新领域专家资源的流动与共享。

---

① 王楠楠.京津冀区域科技创新与经济发展耦合协调分析 [J].中国集体经济，2022（03）：18-19.
② 刘智.京津冀科技协同与创新发展对策建议——基于三地创新产出的实证分析[J].科学管理研究，2021，39（06）：70-74.

科技资源共享机制的完善推动京津冀科技创新一体化的协同发展。科技资源共享机制的完善重点解决科技创新信息的孤岛问题，京津冀三地由于发展水平差异及产业结构差异，在科技创新领域信息的需求也有所不同。面对京津冀区域间科技信息存在的差距，针对不同地区区域创新发展，"推动实现一站式科技服务和按需定制的个性化服务能力"①。

一是把握科技资源的模块化特点，运用好京津冀不同地区区域科技资源优势，根据产业发展结构的不同，整合出不同地区区域科技创新的优势资源，充分发挥优势资源在科技创新中的作用。分类整合区域科技资源，做好各类科技资源的分类、检索与优化。把握科技资源中各类资源之间的模块化特点，充分展现科技资源在某一领域的独特性。在科技资源共享机制的不断完善下，科技资源的分层模块化管理，保证了科技资源的透明化利用，为京津冀区域科技创新提供有利的价值。

二是科技资源共享机制的完善需要把握科技资源的系统性。不同地域具有不同的优势科技资源，这些优势科技资源需要在科技资源共享机制下，为其他地区的科技创新发展提供借鉴。科技创新资源之间既存在差异又存在共性，即科技资源存在系统性。科技资源的系统性要求要从整体上宏观地把握各类分散科技资源的优势，并将其进行整合，从整体上改进科技资源模块化的不足之处。科技资源的系统化提升是加强各个科技资源模块之间的协同性的重要手段。随着经济社会的发展，需要在不断更新的资源中整合出能够促进科技资源共享的要素。京津冀在科技资源共享机制的完善中，通过科技资源优势的整合借鉴，进一步实现区域间科技资源共享。

---

① 贺毅,李炜.基于分布式资源共享和服务协同的科技服务平台发展要素研究[J].仪器仪表标准化与计量,2021（06）：5-6, 10.

三是培育京津冀三地科技创新资源共享意识。京津冀区域协同发展是一个群体性问题，三地科技创新的交互与协同使得京津冀地区的科技创新取得进步，促进京津冀三地完善科技资源共享机制，为京津冀地区的协同发展与创新活力的充分涌流提供了动力。

4. 完善区域科技创新链条，构建基于产业链的协同创新平台

京津冀科技创新发展中最大的短板在于没有构建起区域科技创新链条。推动京津冀科技创新协调发展离不开区域科技创新链条的构建。京津冀地区高校、科研院所等数量十分突出，为科技创新提供了活力和支撑。由于三地区域发展存在一定差距，使得三地科技创新资源以及科技创新发展存在一定差距，没有形成完整的科技创新链条，使得科技创新成果没有得到很好的转化。"因此，京津冀地区需构建三地融合发展模式，从而提升京津冀地区科技成果转化能力。"① 京津冀地区产业结构的不合理性，使得三地城市间科技创新的协同性存在差异。京津冀科技创新一体化的发展，需要"进一步完善京津冀地区的创新—研发—应用链条"②，并构建基于产业链基础上的协同创新平台。

推动京津冀地区科技创新一体化需完善区域科技创新链。区域科技创新链是科技创新一体化的基础，科技创新驱动了产业链的变革。京津冀地区推动完善区域科技创新链，一是积极完善区域科技创新链条，"围绕高技术产业布局创新链，实现创新链与产业链深度融合"③，明确各个地区

---

① 康霞，梁烨，周旭杰. 京津冀区域科技创新驱动经济发展效应评价与路径研究 [J]. 投资与合作，2021（12）：103-104.

② 陈玉玲. 京津冀科技创新要素市场一体化面临的困境及对策 [J]. 湖北社会科学，2021（03）：91-98.

③ 叶堂林，毛若冲. 京津冀科技创新与产业结构升级耦合 [J]. 首都经济贸易大学学报，2019，21（06）：68-79.

的分工,以北京中关村为代表的高新技术园区作为全国科技创新的排头兵,具有强大的科技创新基础,既具有一流的科技创新条件,也具备持续推动科技创新的能力。北京逐渐形成以第三产业为主导的产业格局,而天津在国家大力支持下建设的滨海新区,第三产业对经济增长的贡献度日益提高。河北由于与两地之间存在一定的发展差异,且以重工业为主,第三产业比重相对较小。京津冀地区完善区域科技创新的产业链,缩小京津冀三地科技创新的差距,推动产业结构的改造升级,完善自身产业链。

二是促进京津冀地区形成高质量的科技创新链条,加速助力区域经济发展。京津冀科技创新一体化的发展基于产业链的协同创新平台。基于产业链的创新平台,进一步整合了京津冀三地的产业资源,为科技创新的发展提供了载体支撑。京津冀完善基于产业链的协同创新平台特别注重把握好两方面:第一,把握好政府在完善产业链中的主体作用。科技创新推动了京津冀三地产业结构的调整,政府在政策和资金方面鼓励并支持科技创新在基础性和战略性的研究,并在产业结构调整方面提供平台支撑,调整京津冀地区产业结构,为区域科技创新资源的合理分配和创新成果的有效转化提供保障。政府在协同创新平台的完善中担负着协调三地科技创新活动的重要作用,既使京津冀三地不断发挥自身科技资源优势,又促使三地在协调发展中不断调整产业结构,推动京津冀三地形成完整的产业链。政府积极编制产业升级转移总体规划,促进了京津冀地区科技创新与经济发展的有机结合。第二,把握好企业在完善产业链中对建设协同创新平台的推动作用。企业树立问题意识,不断解决在产业链完善过程中出现的难点问题。随着以中关村为中心协同创新服务平台的构建,企业在科技创新中发挥的作用日益明显,也推动了产业链的完善与变革。

（二）长三角科技创新一体化发展经验总结

长三角科技创新一体化通过人才引入机制的不断完善，拓宽了本地区人才的成长路径，充分激活了人才市场，充分发挥了人才资源在推动科技创新一体化发展中的作用。长三角地区科技创新一体化的发展离不开科技创新与产业协同，在不断明晰长三角科技创新协同发展的战略目标下，从加大基础设施投资和完善基础设施投资结构来推动长三角地区基础设施一体化建设，强化区域统筹协调发展，协同推动长三角形成合理的定位及互补、互动的产业链条，引导长三角地区专业化、特色化和品牌化发展，为长三角科技创新一体化的发展奠定基础。

1. 健全人才引入机制，激活人才市场

长三角科技创新一体化的发展有赖于人才引入机制的健全。长三角地区拥有众多的高新技术产业区，高新技术产业的发展离不开科技创新人才的支撑。高新技术产业的进步与科技创新人才的实践息息相关，同时高水平人才的集聚与科技创新的效率也呈正相关的关系。因此，长三角的科技发展依赖于人才资源的强大支撑，"长三角地区各省市秉持共建、合作、共享理念"[1]，在长三角地区聚集各个行业的优秀人才，并从三个方面健全人才引入机制。

一是积极搭建覆盖人才发展全周期的共享平台。长三角地区不断建设高精尖人才的共享平台，提供长三角地区高校、科研院所的人才流动驿站，建立起跨区域的人才交流机制。同时不断强化各类高新技术企业与高校、科研机构的产、学、研协同机制，充分发挥高精尖人才的所长，助力科技

---

①吴穹,刘军.长三角区域创新资源空间集聚特征和共享机制研究[J].今日科苑,2021（05）：10—21.

创新。

二是做好人才资源的共享共建。上海作为带动长三角地区发展的主体，由于其良好的经济环境及高新技术产业的聚集，吸引了大量的高质量人才资源的聚集。上海发挥自身所具有的人才及地域优势，向其他地区输送人才资源，做到人才资源的共享共建。

三是提高人才管理的信息化、数字化水平。长三角地区科技人员形成了聚集优势，同时在加强人才管理方面带来了挑战。长三角地区构建起大数据人才管理平台，促进人才数据管理的统一化和标准化。推进人才数据平台的对接和共享，搭建一站式人才服务平台，利用人才管理大数据筛选专业化的科技创新人才，并形成各个地区人才的匹配度动态评估机制，及时根据市场对于人才的需求来促进人才资源的有序流动。

充分激活人才市场是促进长三角地区人才资源涌流的重大举措。充分激活长三角地区的人才市场流动，为长三角地区科技创新奠定了基础。

一是拓宽长三角地区本土科研人才的成长路径。长三角科技的创新发展归根到底还是要依靠本地的科研人员。长三角地区教育资源先进、高校云集，具有丰富的教育资源，为本土科研人才的培养发展奠定了良好的基础。近年来，长三角进一步培育科技创新人才带头人，建立培养本土科技创新人才的新模式，引导企业、高校主动承担培育本地创新人才的责任。通过跨国交流、学历提升、联合培养等多举措重点培养一批科技创新能力强的优秀科技人才。

二是要加强稀缺科研人才的国外引进。长三角在外籍专家的引进中完善外籍人才的长期居留申请程序和许可证的发放制度，并进一步放宽紧缺型科技领域的国际人才移民的准入限制，同时，进一步健全科技人才服务机制，在上海率先试点探索外籍特殊人才管理服务，健全和完善外籍人员在住房、就医和子女教育等方面的保障措施。

2. 引导技术水平提升，推动科技创新与产业协同发展

科技创新和产业协同是长三角科技创新一体化的关键。一直以来，科技创新和产业协同是长三角地区破解发展难题的必由之路，更是提升长三角地区区域经济竞争力的必然要求。长三角地区形成"以政府为引导、以市场为基础、以企业为主体"的科技创新一体化策略，助力长三角地区科技创新资源优势互补。

长三角地区从多方面着手拓宽长三角科技创新协同发展的战略路径。一是紧抓长三角地区重大科技创新项目协同，以各个高新技术产业项目的创新为引导，集中力量共同开展重大科技创新项目的协同攻关。二是长三角地区强化科技力量的整合协同。科技创新与产业协同发展的基础是科技创新的整体合力，形成科技创新和高科技制造业研发高地，进一步强化科技力量的整合协同。三是坚持在产业转型升级中协同推进科技创新。长三角地区有较为完善的产业分工体系，在科技创新一体化要求下加速科技资源要素的配置与流动，在产业结构的不断优化中持续推动科技创新要素的充分流动，根据各地所显现出的禀赋优势，逐渐优化各地域的产业分工体系。

长三角地区充分发挥企业的科技创新和产业创新能力。长三角地区企业科技创新领域主要涉及生物医药、集成电路、人工智能等关键领域，企业的研发和科技创新平台机制的完善为企业科技创新高效协同提供保障。一是在长三角科技创新一体化中推动企业担负起科技创新的责任。二是以科技型企业为合作主体搭建重大创新平台。在长三角地区企业逐渐成为科

技创新的主力，在江苏、上海地区科技企业孵化器不断发展壮大。长三角地区着力构建科技型企业发展的重大创新平台，协调推进各类科学创新平台。借助于科学创新平台，推动长三角地区协同推进区域科技创新发展。三是完善企业协同各方加快构建关键核心技术攻关合作机制，鼓励企业协同政府共同出资设立长三角科技攻关合作基金，为长三角关键核心技术协同攻关提供资金支持，为科技创新平台的完善贡献力量。

3. 强化基础体系建设，持续优化创新生态群落

长三角地区在推动科技协同发展的过程中，重视各类基础设施体系的建设与完善。基础设施体系的完善为科技创新的协同发展提供了保障。长三角地区交通、医疗、人居环境等基础设施的完善，为科技创新人才的集聚、产业体系的完善提供了良好生活条件。长三角地区城市形成较早，城市规模也相对较大，创新科技人才都向长三角地区聚集。长三角地区重视完善基础设施，着力解决住房紧张、交通拥挤等对科技创新人才引进的制约因素，在完善基础设施基础上，持续优化长三角地区科技创新生态群落，注重长三角地区的绿色美丽发展，为吸引大量科技创新人才增添优势，从而促进长三角地区科技创新一体化的发展。

长三角地区加强对基础设施的投资，优化基础设施投资结构，完善长三角地区基础设施建设，助力长三角地区科技创新一体化的发展。一是持续加大对长三角地区的基础设施投资。政府提高对基础设施的投资，帮助完善长三角经济较为滞后地区的基础设施建设。长三角地区经济的快速发展，促使基础设施建设不断与时俱进，并促使传统意义上的基础设施建设适当向科技创新领域设施倾斜。长三角地区在传统基础设施建设方面位于全国领先水平，通过促进传统基础设施的升级完善，带动科技创新等方面

的基础设施建设，从而充分发挥基础设施建设对科技创新的作用。在科技创新领域加大对基础设施的投资，协调完善互联网等新型基础设施。二是健全长三角各类基础设施的共享共建机制。长三角地区大力提高基础设施的共享程度，优化长三角地区的港口、交通、能源等重大基础设施的规划布局。长三角地区推进基础设施实现有效配套利用，促进基础设施均衡发展，从而使基础设施充分满足长三角地区科技创新的发展需要。

长三角地区在科技创新中不断优化创新生态群落，推动长三角地区绿色发展。长三角地区在科技创新的持续推进中，不仅实现了地区的快速稳定发展，还在生态建设方面取得了进展与突破。在科技创新中加大生态保护和建设力度，使"长三角地区在政策、特色产业集群、转型升级等方面形成良好发展"[1]，从而实现长三角地区经济发展与生态优化的双发展。一是加强生态环境保护与环境综合治理。在推进长三角创新一体化发展过程中，落实生态环境治理的责任，在产业发展的同时也注重对环境的保护。在开发过程中，切实推进可持续发展，构建区域内的生态补偿机制。在促进经济发展的同时，以科技创新的绿色生态来打造长三角地区生态创新，更好发挥长三角地区绿色生态功能区的作用。二是构建长三角绿色生态功能区，以创新科技驱动生态文明。立足于长三角区域发展优势，构建长三角绿色生态屏障。在科技创新驱动经济发展的同时，推动长三角地区生态补偿试点，不断改善经济发展中带来的污染问题。加强长三角地区生态环境应急管理协同保障机制，整治环境污染，合力打好生态建设与经济协调发展的攻坚战。三是强化长三角绿色发展协同战略，在发展高新技术产业

---

①严建援.李雅婷.长江三角洲区域创新生态系统发展路径与运行机制研究[J].现代管理科学，2019（05）：18-20.

的同时，推动其他产业的转型升级，推动长三角地区区域经济绿色转型。长三角地区协同推进废弃物处理利用，狠抓区域内生态环境突出问题的整改，推动构建长三角科技创新与生态协同发展的共同体。

4. 加强工业互联网基础设施体系建设，推进网络建设

长三角地区在推进科技创新一体化发展的过程中，积极推进工业互联网基础设施体系建设，大力推动长三角科技创新统筹发展，从三方面着手加快构建工业互联网基础设施。一是创新长三角地区共建共享的互联网平台体系。整合长三角地区的资源优势，推动长三角地区区域内人才、科技、资本等资源的充分涌流，依托科研机构、高校以及科技创新型企业共同打造长三角地区的工业互联网平台，在此基础上充分汇聚长三角区域资源优势，构建起长三角地区共建共享的互联网平台。二是长三角地区加快培育统一共享的数据要素市场，充分激发大数据要素在科技创新中的作用。在长三角科技创新推动过程中，充分利用互联网数据要素市场赋能科技创新。推动长三角地区跨区域的基础数据库建设，汇聚科技创新各类优势资源，在制造业领域充分展现工业互联网的协同作用。在交通、生态等领域加快培育开放共享的数据要素市场，支撑长三角地区跨部门、跨区域的科技创新。三是长三角地区要共建工业互联网创新中心。随着大数据、云计算等发展要素在经济发展中作用的日益突出，长三角地区加强协作，在工业互联网共建过程中，根据不同地区产业特征和发展需求，不断发挥各级工业互联网的优势，最终在长三角区域构建起较为完善的、符合长三角产业发展要求的工业互联网体系。充分发挥关于互联网平台规模效应，带动长三角地区产业结构升级转型，促进长三角科技创新效能的整体跃升。

长三角地区完善工业互联网从多方面着手推进。一是构建科学有效的

战略规划。完善长三角地区工业互联网，离不开合理的规划。二是推动区域内工业互联网平台的建设。三是推动长三角地区工业互联网平台的多领域分布。

5. 强化区域统筹协调，协同推动形成合理的定位及互补互动的产业链条

长三角地区科技创新一体化的发展有赖于长三角区域各要素的协同推进。区域统筹协调发展为推动长三角地区科技创新一体化提供重要基础。自长三角一体化发展上升为国家战略以来，长三角地区区域统筹协调程度得到了进一步提升。长三角地区主要从三个方面加快区域统筹协调发展，为科技创新一体化助力。一是加快推进科技创新产业协同发展，推进长三角地区科技创新共同体建设。长三角地区大力支持跨领域、大协作、高强度的创新基地的建设。长三角地区政府在国家创新驱动发展战略的深入推进下，积极构建各类区域科技基础设施集群与科技创新平台，形成具有重大科学装置、国家重点实验室等科技创新平台的科技创新群，大力推动科技创新领域的深入合作。二是加快推进长三角地区的生态环境协同治理，为区域统筹协调发展注入活力。长三角区域在经济迅速发展的同时也承担着生态修复的重任，大力发展多种可再生能源以及清洁能源，共建共享生态绿色家园。同时，长三角地区在产业结构上也做到了优化调整，在生产领域全面推进资源节约、循环利用，促进长三角地区构建高品质的绿色发展。三是推进长三角区域间跨地区合作发展机制，为区域间各个产业的密切协作提供更多机遇。长三角地区根据区域内产业发展要求，制定并完善跨区域合作的内容清单。同时，不断完善区域合作协调机制，积极引入市场化手段，为推动区域间各个产业密切协作提供更多的机遇。

构建互补互动的产业链条，推动长三角地区实现产业发展的专业化、特色化和品牌化。长三角地区从以下几方面入手构建互补互动的产业链条。一是组建面向市场的区域产业链。长三角地区在集成电路、生物医药、新能源汽车、人工智能等创新领域构建面向市场的科技创新产业链，并促进产业链的完善与升级。长三角地区不断增强区域产业链中市场、人才、资金等因素的交流对接，推动不同产业之间优势互补，共同助力长三角地区区域协调发展。二是打造科技创新共同体，以科技创新促进互补互动的产业链条的形成。长三角地区产业链的形成和发展以长三角地区发展总体规划为依据，以服务业与制造业协同集聚为突破口，培育形成长三角地区空间协同性好的产业链。长三角地区充分发挥区域内不同城市所蕴含的产业优势，在科技创新领域大力构建产业链。三是促进创新链和产业链融合发展。长三角地区区域的协调发展，离不开科技创新与产业结构调整的驱动。"长三角地区的发展围绕产业转型升级和科技创新发展"①，着力打造产业科技创新的发展新路，加快形成区域互补互动的产业链，进而促进了长三角地区科技创新一体化的发展。

（三）粤港澳大湾区科技创新一体化发展经验总结

粤港澳大湾区在推进科技创新一体化发展过程中充分发挥了地域优势，并将自身优势充分运用到科技创新中，促进了创新要素的整合，为推动粤港澳科技创新一体化创设了良好的生态环境。粤港澳大湾区科技创新一体化发展在政府积极宏观调控下，推动了基础研究、应用基础研究等知识创新工程建设，为推进科技创新一体化提供了知识储备。

---

① 高长春. 长三角区域创新网络协同治理思路和对策 [J]. 科学发展，2018（09）：35-46.

1. 积极构建开放型经济新体制，打造高水平开放平台

粤港澳地区具有广阔的对外开放背景，在改革开放时期，深圳等经济特区的设立极大地推动了经济的发展。香港、澳门等地位于粤港澳大湾区，具有得天独厚的对外开放优势。积极构建开放型经济新体制是粤港澳大湾区推进科技创新一体化发展的重要抓手。

一是建立市场配置资源新机制。粤港澳大湾区面向市场发展需求，促进国际与国内各类科技创新要素的有序自由流动。粤港澳大湾区的发展得益于区域内开放发展的红利，对外开放促进了全球各类资源的高效配置，国内优势资源得到了融合发展，为科技创新一体化的推进提供了良好的发展条件。二是形成全方位开放新格局。粤港澳大湾区坚持对外开放，在科技创新领域要谋求"走出去"与"引进来"相结合的科技创新高地。在对外开放中，形成全方位开放新格局，走更加主动的科技创新之路，积极拓展开放型经济发展空间，推动科技创新一体化的发展。三是在开放型经济体制基础上推动科技创新成果的转化。粤港澳大湾区高新产业聚集，在创新驱动发展战略的推动下，区域内科技创新成效显著，通过开放型经济体制的构建完善，为科技创新提供项目对接、信息交流等渠道，进一步促进科技创新成果的转化。

粤港澳大湾区从以下两方面着手，推动构建更高水平的对外开放平台。一是营造自由化和便利化的对外开放环境。充分发挥地缘优势，结合产业发展需求，通过科技创新构建粤港澳大湾区高水平的对外开放平台。二是大力拓展粤港澳对外贸易新模式，协同构建粤港澳对外开放平台。总结粤港澳地区区域内对外开放经验，各地政府整合自身优势，打造粤港澳地区科技创新新高地。

2. 集聚创新资源，完善区域协同创新体系

粤港澳大湾区聚集了丰富的人才、资金、平台等科技创新资源。在区域协调发展的基础上，粤港澳大湾区不断完善协同创新体系，着力解决制约粤港澳大湾区科技创新一体化发展的因素，在科技创新方面加大投入力度，积极凝聚区域内创新资源，完善区域协同创新体系。

粤港澳大湾区在推进科技创新一体化的过程中，充分凝聚科技创新资源，打通粤港澳大湾区科技创新的活力。一是粤港澳大湾区打破以地区和行业为核心的资源管理模式，破除阻碍科技创新资源流动的管理壁垒。粤港澳大湾区区域内地区众多，各类资源在配置和流动等方面程序繁杂。粤港澳大湾区在推进科技创新一体化的过程中，破除了区域资源管理及流动的壁垒，充分凝聚粤港澳大湾区科技创新资源。二是粤港澳大湾区"推动科技创新资源共建共享"[1]，不断完善产业协同，解决区域产业协同能力不高、创新资源共享缺乏长效机制等问题，推动科技资源凝聚，切实解决了粤港澳大湾区各城市科技创新一体化曾面临的困境。构建科技创新资源共建共享的顶层设计和促进跨城市的资源流动，为粤港澳大湾区的科技创新营造了良好的环境。

粤港澳大湾区完善区域协同创新体系，开展创新及科技合作，推进科技创新一体化发展。一是推动科技创新主体的协同创新。粤港澳大湾区加强跨区域科技创新主体协同创新能力，增强区域内高校、科研院所等科技创新主体对粤港澳大湾区科技发展的支撑力量，充分提升粤港澳大湾区产、学、研发展水平，打造高水平科技创新高地，进而推动粤港澳科技创新一

---

①鄢波等.珠三角区域科技协同创新的现状、问题及对策[J].科技管理研究,2019,39（01）：87-96.

体化的发展。二是推动科技创新要素协同创新。通过改革促进科技创新要素的整合，加大科技创新要素的市场化配置，充分满足市场发展需求。在推动粤港澳大湾区科技创新的同时，积极促进技术要素的创新发展，充分发挥技术要素在推动港粤澳科技创新一体化发展的作用。三是政府充分发挥在构建区域协同创新体系中的引领作用。粤港澳大湾区各地政府在深入贯彻落实创新驱动发展战略过程中，弥补了科技创新动力不足问题，将科技创新作为驱动经济发展的重要动力，推动构建区域协同创新体系。四是推动区域产业协同创新。粤港澳大湾区通过供给侧结构的深化改革，加快完善高新技术产业协同机制，推动粤港澳大湾产业优势互补。

3. 充分发挥各地比较优势，创新完善合作体制机制

粤港澳大湾区在推动科技创新一体化进程中，充分发挥地区优势，进一步创新完善合作体制机制，找寻区域内各个城市的发展特点，充分发挥各地在资金、科研人才以及科研技术等方面存在的优势，促进创新要素的整合，并将各自优势充分运用到科技创新中，并逐渐放大为区域发展优势，"为建立创新合作机制提供了良好的创新生态环境"①。

粤港澳大湾区积极发挥劳动力、资本以及技术要素在产业发展中的推动作用，助力科技创新一体化发展。一是推动澳门和香港的资本要素发挥其各自的比较优势。香港和澳门资本要素的活跃度高，具有明显优于其他城市的资本要素条件。在香港、澳门资本优势的带动下，推动粤港澳大湾区科技创新与国际接轨，进而推动粤港澳大湾区实现经济高质量发展。二是充分发挥东莞、深圳等地劳动力要素的比较优势。粤港澳大湾区推进科

---

① 杨明，林正静. 用创新生态理论和"四链"融合研究建设粤港澳大湾区国际科技创新中心 [J]. 科技管理研究，2021，41（13）：87-93.

技创新、促进新兴产业和制造业的发展离不开劳动力资源的支撑。粤港澳大湾区积极打造以佛山、东莞为核心的制造业中心，构建以江门、肇庆为核心的高新技术产业中心，充分发挥劳动力比较资源优势，在不同产业中谋求粤港澳大湾区的协调发展。三是充分发挥深圳、佛山在技术要素中的比较优势。粤港澳大湾区充分发挥技术要素的比较优势显得尤为关键，协调带动整个粤港澳大湾区实现技术革新，推动产业转型与升级，使科技创新领域实现高速发展。

粤港澳大湾区实现了对区域内合作体制机制的创新和完善。一是推动区域内科技创新合作体制的构建。粤港澳大湾区鼓励区域内各地协同完善科技创新合作机制，推动科技创新的协调发展。深圳拥有浓厚的科技创新环境和广阔的科技创新平台，在粤港澳大湾区的科技创新领域发展较为突出。粤港澳大湾区鼓励区域内其他地区加强与深圳的交流合作，促进共同发展。在粤港澳大湾区内积极构建科技创新交流的良好环境，为区域内科技创新合作体制的构建提供了保障。二是深化粤港澳民生领域合作。粤港澳大湾区在科技创新一体化发展趋势下，深入推进粤港澳大湾区民生领域合作机制的完善，针对就业问题、住房问题等亟待改善的问题，大力完善区域内的合作机制。在就业方面构建一体化就业平台，在住房、教育、社会保障等民生领域中加强合作交流，推动区域内民生保障的有序发展。

4. 统筹利用全球科技创新资源，优化区域合作创新发展模式

粤港澳大湾区利用其优越的地理优势，加强科技创新资源的开发和利用，并充分吸纳全球的科技创新优势资源，广泛借鉴国外科技创新的经验。在国内，推动区域内的分工与协作，寻求粤港澳大湾区内部的交流协作。同时，放眼全球，吸收借鉴各国科技资源优势，共同助力大湾区科技创新

的发展。

完善创新合作机制，推动区域内的分工与协作。一是优化区域合作创新发展模式。粤港澳大湾区增强区域内科技合作委员会之间的合作，共同探索大湾区企业合作的创新模式。二是拓展粤港澳大湾区区域合作交流的领域。大湾区其他地区与香港、澳门在教育、金融、科技等多方面推动信息共享，深入开展交流与合作。充分发挥两地各类丰富的区域资源，有效整合大湾区丰富的教育资源，并发挥香港、澳门的金融优势，逐渐在大湾区形成宽领域、多层次的合作机制。整合大湾区的教育资源与产业资源，在科研院所和高新技术企业广泛开展科技交流与合作，促进科技创新发展。三是优化创新制度和政策环境，着力提升科技成果转化能力。积极促进深圳等城市会展业的发展，形成以广交会为龙头的展览交流平台，从而有效提升科技成果转化能力。

吸收借鉴全球科技资源优势。一是粤港澳大湾区携手共建国际科技创新中心。借助粤港澳大湾区的地域优势和深厚的经济发展根基，在粤港澳地区建设面向国际的大科学装置。粤港澳大湾区加大与日本、德国等创新型国家在科技创新领域的交流协作，并深入拓展合作的广度和力度，加强对科技创新经验的交流总结，加快构建面向世界的科技创新中心。二是粤港澳大湾区构建了合作共赢的良好创新局面，有效增强了对国外科技创新优势企业的吸引力度。强化粤港澳大湾区的开放程度，引进具有优势的跨国科技公司，并推动跨国科技公司在粤港澳大湾区落地。三是粤港澳大湾区加大对创新人才和科研项目的吸引力度。通过吸引国际优势资源，在大湾区建设跨国合作研究中心或成立科研项目，为国外优秀科学家提供科技创新的平台，同时极大地增强大湾区的科技创新能力。

5. 政府重视宏观调控，积极推动知识创新工程

知识创新工程是系统的工程，是科技创新的关键子系统。粤港澳大湾区在推进科技创新的过程中，政府重视发挥宏观调控的作用，在政府的积极推动下，构建了基础研究、应用基础研究等知识创新工程，为粤港澳大湾区提供了丰富的知识储备。粤港澳大湾区的建立及发展顺应了国家战略需求，其优越的地理优势以及丰富的高校资源都为知识创新工程的构建奠定了基础。知识创新工程在人才培养、流通机制上发挥着重要作用，依托科技创新工程构建知识创新合作网络，加强粤港澳地区间的创新合作与发展。通过知识创新工程为粤港澳大湾区知识创新网络的发展奠定了基础，逐渐形成粤港澳大湾区以"广州—深圳"为中心城市群的知识创新网络中心。粤港澳大湾区在政府的推动下，积极构建知识创新工程，既合理利用了粤港澳地区优越的地理环境，又进一步促进了粤港澳大湾区人才资源的跨区域流动，以知识创新工程的构建为粤港澳地区科技创新一体化的发展提供了强大驱动力。

知识创新工程为大湾区科技创新提供了核心驱动力。科技创新的发展依托于知识创新工程的构建。人才资源既是知识创新的载体，又是知识创新的主体。知识创新工程的构建充分提高了知识创新能力，进一步为粤港澳大湾区科技创新提供了知识储备。

一方面，科技创新离不开知识创新工程的支撑。科技创新工程的实施进一步促进了高科技人才的聚集，粤港澳大湾区生产力发展水平较高、互联网通达度较高，在这些先天的优势条件下，粤港澳地区的知识创新工程得以形成和发展。知识创新工程缩小了粤港澳大湾区区域间的知识创新差异。在构建知识创新平台方面，政府着力从以下三方面着手。一是在整体

上，构建粤港澳大湾区的知识创新合作网络。通过知识创新网络提高各个地区、城市的创新能力，为科技创新一体化的发展提供良好的合作基础。二是推动粤港澳大湾区区域内城市群之间知识创新工程网络的发展，逐渐推动知识创新网络的"多中心化"。加强粤港澳大湾区形成以"广州—深圳"为中心的知识网络中心，并在其基础上带动周边城市加强知识创新网络的构建，使周边城市逐渐完善知识创新合作体系。"广州—深圳"应当充分发挥自身的优势，加强与周边地区及粤港澳大湾区外其他地区的合作，提高知识溢出效应，使知识创造活力充分涌流。三是加快培育多个知识创新合作的中心城市，加强粤港澳大湾区区域内高校、企业、研究院的合作，搭建稳定的知识创新共享平台。四是加快粤港澳大湾区区域内城市知识创新工程的构建，并以互联网为载体构建知识创新工程，促进区域内知识创新的稳定发展。

另一方面，科技创新离不开各类知识的储备，粤港澳大湾区充分发挥政府的宏观调控作用，在科技创新基础上，积极构建粤港澳大湾区的知识创新工程。一是知识创新工程的构建可以促使粤港澳大湾区及时把握国际科技前沿，使得粤港澳大湾区成为我国具有持续创新能力的地区。二是知识创新工程的构建促使粤港澳大湾区成为高技术的知识创新中心和人才基地。通过知识创新工程的构建，进一步整合人力资源，充分发挥粤港澳大湾区高校及科研人才的集成优势，进一步提高科技创新人才的知识储备及知识创新能力。构建及完善知识创新工程，为科技创新提供成果支撑，促进各类科技创新成果的产出，进一步推动粤港澳大湾区的科技创新一体化发展。三是知识创新工程促使粤港澳大湾区提高知识创新的能力和效率。在知识创新过程中，高校、科研机构的知识型人才逐渐转变为科技创新的推动者、实施者及贡献者。

知识创新工程为粤港澳大湾区推进科技创新提供了强大的知识支撑和智力保障。

一方面，知识创新工程为粤港澳大湾区的创新人才资源提供了科研平台，并为其进一步实施科技创新增添了动力。粤港澳大湾区科技创新依赖于知识型人才资源的支撑，要推进粤港澳大湾区科技创新一体化发展，必须紧紧依靠知识创新工程释放的内部驱动力。知识创新工程为知识型人才的发展提供了机遇。一是粤港澳大湾区依靠其对外开放的良好条件，不断推动更高程度的对外开放，并且优化整合全球科技创新的优势资源。在知识创新工程中，发挥其高度开放的优势，为汇集各方优秀知识人才提供了良好的先决条件。二是粤港澳知识创新工程为培养科技创新人才提供了良好的平台。优秀的人才队伍是推动科技创新的关键，知识创新工程着力选拔和培养人才，引进国内外科技创新人才，大力培养高水平的科技创新队伍和科研领军人才队伍。三是粤港澳知识创新工程为科技创新人才的流动共享提供了平台。知识创新平台有利于集合多学科人才资源，并推动科学技术的协同与集成。

另一方面，知识创新工程为科技创新选拔了大量优秀人才，成为科技创新战略目标得以实现的贡献者。一是知识创新工程明确了科技创新人才的用人机制。知识创新工程根据不同岗位的要求，按不同期限以签订合同的方式聘用科技创新人才。知识创新工程进一步完善了科技创新人才的选拔用人机制，带动了粤港澳大湾区科技创新一体化的发展。二是知识创新工程推动了科技创新人才流动机制的发展。知识创新工程以其全面系统的科技创新人才任用及流动机制，充分尊重了科技创新人才的创新主体地位，推动了粤港澳大湾区科技创新人才的流动与补充。知识创新工程建立并完善了科技创新人才的流动机制，促进了科技创新人才的系统整合和有机衔接，形成具有地区特色的高效运行科技管理体制和人才培养机制，充分提高了粤港澳大湾区知识创新的能力和效率。

6. 大力支持高校、科研机构的发展

粤港澳大湾区科技创新离不开高校、科研机构的支撑。粤港澳大湾区高校、科研机构的资源十分丰富，高质量的教育和优秀的科技创新人才都是粤港澳大湾区构建科技创新中心不可或缺的因素。广州、深圳、香港等地一流大学与高新技术产业聚集，推动了粤港澳大湾区科技创新事业的发展。同时，粤港澳大湾区企业的科技创新能力强，华为、格力等品牌科技创新为高校科研人才的就业也提供了宽阔的平台。

政府从以下三个方面提高对高校办学资金的投入，加大政策的支持。一是政府鼓励粤港澳大湾区的高等院校推进科研项目的建设与实施。政府加大对高校的扶持力度，鼓励高校提升人才培养能力，积极促进粤港澳大湾区高校与双一流院校的共建，鼓励高校推动各类科研项目的建设与实施。二是政府鼓励香港澳门地区和全国其他地区知名院校合作办学。粤港澳大湾区各级政府扮演"牵线搭桥"的角色，推动高校有序共享办学资源，增强广东珠三角各市高校与港澳高校的联系，进一步加强高端科研人才的培养。三是政府推动高等院校跨地域合作。政府在资金、人才引进方面发力，积极推动跨区域高校以及科研机构的共建，为粤港澳大湾区高校之间的合作创造便利条件。

加强企业与高校产学研战略联盟的构建，从以下三个方面着手。一是企业为高校人才资源的培养提供了目标导向。企业是市场活动最直接的参与者，为高校科技创新人才的培养指明了方向。二是企业为高校学生提供了实践平台。粤港澳大湾区创新型企业数量较多，为高校科技创新人才的技能培养和流动创造了条件。三是企业积极与高校共建科研机构。企业具有独立的研发能力，企业积极与高等院校及科研院所在科技创新领域共建实验室及研发平台，为关键核心技术的攻关提供了有利条件。

大力提升高校的办学能力。科技创新离不开高校的发展壮大，高校从多方面提升自身办学能力，吸引各类人才的加入。一是高校加强与企业以及科研机构的交流合作。在人才培养、课程设置以及实习实训等方面构建多元化平台，鼓励大学生进入科技创新型企业并积极参加科研实践，提高自身综合能力。企业为高校教育体系的完善提供支持，安排工程师担任高校实践科目的指导教师，与大学教师共同指导学生，完成科研项目工作。二是高校结合自身优势制定创新型人才培养目标。粤港澳大湾区高校以培养复合型创新人才为目标，根据自身院校特色，着重突出学科发展特色与专业优势。三是高校构建科技创新人才的多元化评价体系。根据学校自身办学特色，优化人才培养方案，注重对学生专业能力的培养，同时也注重对学生实践与协同合作能力的考察。四是粤港澳大湾区发挥不同高校在科技创新教育方面各自的优势。粤港澳大湾区注重高校间的交流与协作，在此基础上，推动大湾区高校相互促进、共同进步，不断完善高校合作模式，促进粤港澳大湾区高校科技创新人才的联合培养。

二、国外科技创新一体化建设的经验及启示

科技创新是提升国家综合竞争力的重要因素。放眼全球科技创新格局，日本、德国、美国作为发达国家中具有代表性的创新型产业国家，基于自

身优势已经逐渐建成科技创新区域，并在全球贸易竞争中以科技创新的发展来抢占经济发展先机。借鉴日本、德国、美国等国家在推动科技创新一体化发展方面的经验，对促进我国长三角、京津冀、粤港澳大湾区以及东北地区科技创新一体化发展具有重要意义。

（一）日本科技创新一体化发展经验总结

日本科技创新一体化的发展离不开政府、企业、高校等科研机构的共同推进。政府在推进科技创新一体化发展的过程中，一方面提出"创新立国"的国家战略，从政策上支持发展科技创新；另一方面为企业科技创新项目、尖端技术研究、基础研究和应用基础研究等方面提供财政补贴，肩负起了科技创新一体化的使命。企业在科技创新一体化发展中，一方面在科技创新中发挥创新主体的力量；另一方面加速了科技创新资源的高效配置，促进了科技创新的发展。日本科技创新一体化依赖于"产学官"一体化的发展，在这种创新体制下，充分利用了高校、企业、政府的优势，将各类创新要素有机结合，集成了科技创新的优势，使日本科技创新能力得以充分发展和壮大，为科技创新一体化的发展提供了不竭动力。

1. 政府为企业科技创新发展提供财政补贴

日本科技创新一体化的突出经验是日本政府对于科技创新领域的直接干预与重点扶植。日本政府一方面从国家战略政策上支持发展科技创新，并提出"创新立国"的国家战略，在科研经费的投入方面作出了巨大投资。另一方面对企业科技创新项目、尖端技术研究、基础研究和应用基础研究等方面提供了财政补贴。日本政府发挥国家财政的调控作用，在科技创新领域出资建立研究中心，对取得突出研究成果的科研项目实施奖励政策，进一步壮大了日本科技创新实力。

日本政府财税政策并举，促进中小企业基础研究。日本中小企业众多，逐渐成为日本科技创新的重要来源。受制于资本以及生产率增速的发展，中小企业发展存在较大困难。因此，日本政府通过税收减免、发放低息贷款等方式，助力日本中小企业科技创新的发展。一是在财政政策上，关于企业的基础研究和应用研究等方面的费用，政府以补助金的形式来为其提供财政补贴。二是日本政府通过税制改革，推进科研成果税费的抵销累进。企业在科技创新领域的研究开发费用可以用于税收抵扣，随着研究开发费用的增长，所能抵扣的税费也就随之增长。此项税收减免措施不仅增强了企业的创新积极性，而且对政府税收增长具有保障作用。三是通过低息贷款吸引科技创新企业的聚集。日本政府为鼓励科技创新企业的发展并在本土形成产业聚集效应，在中小型科技创新企业的构建完善中提供来自日本金融公库的低息贷款，助力科技创新企业的发展。

日本政府通过提供委托费等财政资金支持方式，推动科技创新企业的发展。日本政府创新财政手段，充分发挥国家财政在科技创新领域的支持作用，主要通过委托费、补助金以及交付金等方式，充分推动政府对于科技创新领域的扶植。一是政府支付委托费，支持科技创新。日本政府通过向科研机构或科技创新企业支付委托费，充分发挥企业在科技创新中的作用，以付费方式推动企业科技创新的发展。支付委托费的方式创新了支付财政对科技创新企业的支持，并在政府和企业之间建立良性互动关系，使科技创新企业在技术创新、产品创新等方面充分彰显了活力，使得日本政府对科技创新企业的支持得到了回报。二是采用政府发放补助金的方式，使日本科技创新企业获得资金支持。日本政府发放补助金支持科技创新企业的发展是最为直接的财政补贴方式。通过科技创新企业申请，由政府审核批准后补助金会发放到日本金融公库，从而对企业发展创新进行补助。三是运行以交付金为主体的财政拨款机制。日本政府利用交付金为政府性的产业和技术研究机构进行全部或大部分的财政拨款支持。通过交付金这种方式进行财政拨款，促使政府性的科技创新产业担负科技创新重任的使命。

2. 提高政府与民间企业在科技创新领域的协作水平

日本政府大力支持科技创新的发展，从资金支持、政策协同等方面都对日本的科技创新事业制定了明确规划。日本政府每年对科技创新研发的投入很高，并设立大型科研基金、完善专利申请制度等以充分促进科技创新领域的发展。日本政府在政策、融资方面为科技创新提供了条件，促使企业在科技创新成果转化、科研人才引进等方面取得了长足进步。日本科技创新一体化的发展离不开政府的主导作用，更离不开作为科技研发体系主体的企业对科技创新一体化的推动。政府与企业高效协同的模式充分推动日本科技创新向纵深发展。

日本政府是国家科技创新的主导者，在战略决策方面为科技创新提供支撑。日本政府倡导以科技立国，在科技创新发展过程中，政府着力从资金支持和专利保障层面发挥着主导作用。一是通过大型科研基金的设立加大对科技创新的持续投入。在日本政府主导下，设立了高木市民科学基金等民间基金，为科技创新的发展提供了经济支持。二是完善专利申请制度，推动科技创新成果的转化。随着科学技术的迅猛发展，科学技术的更新换代时间更短，及时申请科研专利对进一步推动日本的科技进步起着至关重要的作用。

发挥企业在科技创新中的主体作用。日本企业多为高新技术产业，而

"民间高科技企业是日本科技发展的主力"①，因此，对企业的创新能力提出了较高的要求。日本企业一方面在科技创新中发挥创新主体的作用，另一方面在科技创新事业的进步中促进企业的转型发展。一是加强企业间科技创新的交流协作与研究开发。企业间共同出资推动科技研发与科技创新，并以多样化的合作方式，促进企业间科技信息的交流置换。人力、资本等方面的交流与合作，进一步增加了企业科技创新研发的产出率，弥补了企业本身科技创新的不足之处。二是发挥企业对科技创新人才的引进作用。企业的开放性、包容性促进了科技创新人才的流动，为了谋求自身发展，企业不断引进优秀的科研人才，在一定程度上促进了科研人才综合能力的提升。

3. 确立了"产学官"一体化的科技创新体制

在"产学官"的科技创新体制的运行下，日本科技创新一体化取得了长足进步。日本"产学官"一体化的科技创新体制底蕴深厚，在第二次世界大战以前就形成了早期的"产学官"体制，第二次世界大战后在经济振兴的背景下，进一步深化了"产学官"体制的发展。"产学官"中的"产"指的是企业研究机构，"学"指的是高校及学校科研机构，"官"指的是"政府的科研机构"②。这三种领域科研机构的创新为日本科技创新提供了充足的动力。日本"产学官"一体化的科技创新体制加强了各类科研机构的联系，促进了企业、政府、学校三方共同为科技创新研究努力，在科技领域协同并进，共享科技创新成果。日本"产学官"一体化是政府、企业、

---

① 许鸿. 日本科技创新模式和全球化科技合作启示 [J]. 安徽科技，2020（07）：29-32.

② 张彬. 日本"产学官"一体化的科技创新体制 [J]. 科技信息（科学教研），2007（36）：249，241.

高校共建的科技创新研究形式，三者在科技创新领域的协作共建，促进了科研人才队伍的壮大，为日本科技创新提供了丰富的创新资源，并日益形成以企业为主导的科技创新主体。

日本政府需构建新形势下"产学官"一体化的科技创新体制。日本"产学官"一体化的科技创新体制虽然发展较早，但是发展程度还不高，整合科技创新资源的能力还存在欠缺。随着国际竞争的日益加剧，要想永立于世界潮头，就必须加快科技创新步伐，不断完善"产学官"一体化的科技创新体制。日本着力从政策主导、企业协同以及高校创新等三个层面入手。一是在政策方面，国家制定科技创新发展规划及研究计划，做到科技创新有策可循。日本政府鼓励国立大学与地方企业构建战略合作伙伴关系，从政策引领方面促进高校、企业科技创新。二是完善科技创新体系。为有效促进企业科技创新能力的提升，加快科技成果产业化发展，日本鼓励企业内部组建自己的科技创新团队，培养专攻自身企业内部科技创新的顶尖人才。三是高校要加大科技创新领域专业体系的构建。一方面加快各类科技创新人员的聚集，另一方面在教育的发展中不断产出高质量的科研人员，结合科技创新领域的市场需求，促进高校学生科技创新理论与实践的双向提升。

充分发挥"产学官"一体化的科技创新体制在科技创新中的作用。日本"产学官"一体化的发展充分利用了高校、企业、政府一体的优势，发挥了集成创新的优势，做到了"将各类创新要素有机结合"[①]，推动了日本科技创新能力的提升。一是发挥科技创新人才资源优势。日本的"产学官"

---

① 张晋．日本科技创新模式的发展及借鉴 [J]．中国高校科技，2018（07）：38-40.

体制从企业、政府、高校等科研机构的构建中培养科技创新人才，使得科技创新成果及时转化为现实生产力，有效推动了国民经济的发展。二是发挥日本以企业为主体的科技创新体系。日本高新技术企业的发展为科技创新提供了广阔平台。日本的科技创新企业多是中小型企业，由于企业规模的制约，在科技创新方面存有不足。科技创新型企业通过与高校、科研机构等协同合作，共同构建产业内的科技创新机构，为企业科技创新的发展注入了动力。在"产学官"一体化的科技创新体制的驱动下，日本的科技创新事业不断发展。

（二）德国科技创新一体化发展经验总结

德国在推进科技创新一体化的过程中，注重校企的协同创新。校企合作研究中心的构建，为科技创新的发展搭建了平台。在德国科技创新驱动经济的发展态势下，构建多层次金融体系，为德国科技创新提供支撑作用。注重科研平台建设，并且持续发挥资金在科技创新平台中的基础作用。通过协同企业、政府、高校等各要素的发展，发挥科技创新的集群效应。德国科技创新一体化的发展与企业以及高校的协作密不可分，促使高校、企业等创新主体深化合作，并逐渐加快科技创新科研成果的转化利用，推动了德国科技创新一体化的发展。

1. 政府积极倡导并参与校企协同创新，建立校企合作研究中心

校企合作研究中心的构建，为科技创新的发展搭建了平台。德国经济发展的目标是通过科技创新形成竞争力强、具有可持续性的现代创新型经济。校企共建合作研究中心的科技发展为德国科技创新提供动力，高校和企业作为科技创新体系中的两大主体力量，构建高校与企业协同创新机制是德国科技创新体系的优势所在。同时，在此基础上推动德国大学与企业

的产学研一体化发展，为德国科技创新一体化的发展提供良好的发展机遇。

德国政府倡导大学与企业的产学研一体化发展。德国科技创新注重打造高校与企业科技创新的良好协同模式。德国校企协同科技创新主要通过校企研发合作与技术转移协同以及校企合作的高校科技园模式。校企研发合作的协同推动了校企产学研一体化的发展。一是企业的科技创新采用企业委托高校的科技创新模式。德国一些一流的科技创新企业主动寻找并委托高校为其开展科技创新工作，通过高校的研发，推动企业综合创新力的提升，促进了高校企业的合作。二是校企合作构建了高校科技园模式。德国科技创新的发展离不开科技产业园的支撑，德国科技创新鼓励高科技创新成果向科技园区转化，高科技园区聚集了先进的硬件设施和高校中大量的科研成果和科技人才。高校科技园聚集了丰富的科技创新资源，吸引着大量科研机构的入驻，为德国校企科技创新一体化发展提供了平台，促进了科技创新成果的转化。三是德国高校科技创新人才输出与企业技术输出相结合。德国高校主要是应用型大学，企业与高校在人才流通和科研项目方面的合作，进一步激发了企业的研发能力。校企协同构建产学研一体化的机制，提升了校企科技创新的竞争力。

德国构建校企合作研究中心，为科技创新搭建平台。德国科技创新鼓励企业与高校的协作，通过共同构建合作研究中心助力科技创新发展。一是搭建校企协作的基础性研究平台。科技创新基础性研究平台在德国科技创新体系中发挥了基础性作用，通过基础平台搭建，促使高校、企业进行科技创新分工，着力打造运行有序、特色鲜明的校企科技创新平台。二是校企协同创新推动国家技术创新与创业中心联盟建设。在校企合作平台搭建中，充分利用德国中小企业的创新技术，为校企合作提供公共服务平台，发挥校企协同创新在国家创新体系中的作用。德国创新中心联盟建设充分协调了企业技术研发与高校人力资源的优势，增强了创新主体参与科技创新的能动性，为校企科技创新互通式的发展提供了保障。

2. 突破传统合作模式，构建战略科研合作的新型私人伙伴关系

德国科技创新发展一体化的发展得益于新型私人伙伴关系的构建。德国制造业突破传统协作的关系限制，使得新型合作模式和伙伴关系在校企科技创新过程中得到不断发展，并构建起了战略科研合作的私人伙伴关系。这种私人伙伴关系打破了地域、时间限制，并为德国企业、大学以及其他科研机构的长期发展奠定了基础，促使各类创新主体深化合作，并逐渐加快科技创新科研成果的转化利用。

校企合作推动构建科技创新型私人伙伴合作关系。德国科技创新和企业与高校之间的协作密不可分，德国政府采取多项举措，大力鼓励高校、企业之间构建新型私人伙伴合作关系。一是政府提供资金，支持构建长期校企私人合作伙伴关系。德国校企长期合作伙伴的构建与政府科技创新战略息息相关。政府、高校及企业私人伙伴的构建也存在长期性的挑战，在企业间、校企间形成稳定长期的私人伙伴合作关系，持续性地推动德国经济发展。二是以市场需求为导向，促进校企私人伙伴关系构建的多样化。德国面临传统制造业的转型发展以及高新技术产业的科技创新发展的复杂环境，政府、企业、高校等科技创新力量积极整合发展需求，建立并完善信息对接交流平台，推动校企点对点的私人伙伴关系构建。

政府在高科技战略框架下设立行动基金，推动私人伙伴合作关系的构建。德国政府于2018年出台了"高科技战略2025"，提升了科技创新对未来德国发展贡献率。德国政府在提供资金和优化创新主体结构等方面切

实推进私人伙伴合作关系的构建与发展。一是设立行动基金，促进创新主体竞争力的提升，推动私人伙伴合作关系的构建。德国政府通过此项基金的设立，推动企业、高校以及其他科研机构之间形成相互依赖的长期伙伴关系。政府通过资金支持激活了校企及其他科研机构的创新能力，深化私人合作伙伴之间的合作。二是推动创新主体组织结构的不断优化，加快构建突破传统界限的合作伙伴关系。随着科技创新在经济领域贡献度的上升，高校、企业以及其他科研机构在科技创新领域充分发挥自身优势，推动创新资源优化整合，逐渐突破传统意义上的协作，逐渐形成较为专一化的私人伙伴关系。私人伙伴关系的构建推动德国科技创新的定制化发展，并逐渐形成专业优势，助力德国科技创新一体化的发展。

3. 构建创新集群，优化跨区域创新资源的配置

在德国科技创新驱动经济发展的态势下，德国逐渐形成了科技创新的集群效应。德国创新集群发展模式是由联邦政府与州政府并行推进的，在推进中根据资源优势以及产业短板的发展需要，对科技创新资源进行了合理配置，并加深了政府、企业与科研机构的协作。德国科技创新"最大的特点就是集中与分散相结合"[①]，一方面，德国的科技创新是建立于联邦政府与各州政府在科技创新企业的分散基础之上的。另一方面，德国在推进科技创新的过程中，汇聚了各类创新型企业并形成了产业集群。德国的创新集群促进了联邦政府与州政府在科技创新领域的协作，为德国区域内的科技创新提供了有利条件。同时，德国创新集群的发展推动了科技创新网络的发展，推动了德国与世界的交流互动。德国创新集群展现了德国在

---

① 李杨，郭梓晗.德国科研管理体制与科技创新政策及启示[J].中小企业管理与科技(中旬刊)，2021（06）：115-117.

科技创新集群方面的成就，也为国际科技创新经验的交流借鉴提供了窗口。

德国创新集群促进了创新资源的优化配置，并进一步提升了科技创新的能力。德国在创新集群发展中推动联邦政府与州政府的协作共建，发挥市场以及产业要素的推动作用，从三方面促进了创新集群的发展。一是联邦政府与州政府的协调规划，推动德国形成创新集群效应。联邦政府通过相应政策与发展计划的出台，从政策方面确立推动创新集群发展的相关策略，并着力加强与各州政府的协作共建。各州政府积极发挥在创新集群中的引领作用，推动跨产业和跨地区的集群联动。二是发挥市场对德国创新集群形成与发展的推动作用。德国创新集群的发展依靠市场的发展需求，德国高新技术产业的发展为创新集群提供了现实依据。德国创新集群推动了全国范围内的企业、大学和科研机构的聚集，也促进了科技创新要素的整合，在德国经济发展中逐渐展现了资源整合优势。三是在产业集群基础上带动创新集群的发展。德国人工智能、生物技术等多个领域实现了产业上的聚集，充分发挥产业集群在创新集群的辐射带动作用。

德国通过科技创新网络促进创新集群的发展，增强了德国共享科技创新发展的红利。"产业创新集群战略及政策是德国科技创新的重要手段"[1]。德国创新集群明确了各级政府在科技发展中的分工，通过创新集群媒体网站，使科技集群成果得以充分展现。德国创新集群从两个方面构建科技创新网络，推动创新集群发展。一是通过"德国集群周"的举办为创新集群发展带来了新的机遇和动力。通过"集群周"的举办，加强了国内各类产

---

① 胡海鹏，袁永，康捷.德国主要科技创新战略政策研究及启示 [J].特区经济，2017（12）：80-84.

业的联系与发展，同时也"打开了德国科技创新的窗口"[①]，促进了国家间科技创新产业经验的交流互鉴。二是通过德国各级政府之间的政策联动，促进政府与企业构建多方科技创新网络。在推动科技创新发展的过程中，德国注重政府与企业协作体系的构建，提升政府在创新集群方面的政策主导作用，加强企业间创新集群的发展，构建起推动科技集群发展的网络体系。科技创新网络的构建促进了德国科技战略实施能力的提升，加强了地区间的创新集群协调能力，有利于联邦政府与州政府共同推动创新集群的发展。

4. 以多层次金融体系的构建，推动协同创新要素间的合作

德国科技创新的发展离不开商会、发展银行、担保银行与经济发展促进局等金融机构的资金支持。德国通过多层次金融体系的构建，以商会、银行等金融机构的贷款支持科技创新持续发展。加强企业、高校、政府等多层次创新要素的协同合作，充分提升各要素对科技创新的贡献，进而推进德国科技创新事业的发展。

德国科技创新在多层次金融体系支撑下，协同企业、政府、高校等各要素的发展。德国政府"注重科研基础条件平台建设"[②]，并持续推动资金在科技创新平台中的基础作用。科技创新的持续发展离不开资金的支持，德国构建不同于他国的金融体系，并通过转贷机制委托商业银行为企业提供科技创新资金支持。一是以差别化的资金促进科技创新各要素相协调。德国科技创新企业规模不同，且科技创新主要以中小企业为主，政府根据

———————————

①陈强,王浩,敦帅.德国创新集群策动中政府分工与合作关系研究及启示[J].德国研究,2020,35（02）：4-18,144.

②陈强.德国科技创新体系的治理特征及实践启示[J].社会科学,2015（08）：14-20.

不同情况，给予不同程度的金融支持，优化资金配置，最大限度上支持各类科技创新企业的协调发展。德国金融企业在资金合理配置中也注重各企业在技术创新领域的资金需求差异，以资金差异化来支持各创新企业的持续发展。二是以"转贷"机制的构建促进创新各要素协调发展的局面。德国通过"转贷"机制为中小型企业的发展提供了资金支持，也增强了各类企业以及科研机构在资金获得层面不同于他国的优越性。

德国科技创新充分发挥企业、大学以及科研机构等要素协作。政府、企业、高校及科研机构在科技创新中各司其职，促进各要素加强协同创新。一是发挥德国政府在科技创新领域的创新引领力。德国政府从科技创新政策以及国家战略层面发挥引领作用，在国家层面推动科技创新的发展。德国政府通过搭建创新平台以及国家创新网络，对德国各类创新资源的协调发展发挥着重要作用。二是发挥德国高校等科研机构的研究创新能力。德国作为欧洲科技创新实力较强的国家之一，其科技创新能力的提高离不开高水平大学以及科研机构的支撑。三是企业担负起科技创新的重大任务。德国科技创新的发展不是企业单打独斗的结果，而是企业与政府、高校等科研机构共同发力的结果。企业作为德国科技创新的主力军，在市场把握和科技创新平台建设等方面都存在较大优势。德国企业注重与政府、高校科研机构的协调创新，充分促进了各类创新要素的优化配置。

（三）美国科技创新一体化发展经验总结

进入 19 世纪，美国政府侧重应用科学的发展，公立大学开始发展；直到 19 世纪中期，随着大学的科学教育受到重视，职业化的科学研究组织开始出现；20 世纪二三十年代，美国已形成了由政府实验室、企业研究所、高等院校和私人基金会的科研机构组成的全国科研体系；第二次世界大战期间，美国政府对科技的领导和支持显著增强，科学技术研究体系逐步建制化，在政府的引领下，启动了"曼哈顿计划"，政府成为科技创新的主导者；21世纪以来，科技创新逐步成为美国发展的重要动力，并把科技创新上升为国家战略。美国的科技创新为中国科技创新一体化发展，尤其是激励创新的制度环境和社会文化的培育提供诸多经验借鉴。

1. 培育优质创新环境

提高对知识产权的保护。健全的政策、法律和制度为美国维护高质量的科技创新环境提供了有力支撑。美国对知识产权的保护非常重视，拥有严格的知识产权保护体系。美国知识产权保护政策覆盖范围广，形成了包括技术创造、技术转移及技术应用等为一体的制度体系。18世纪90年代，美国颁布了第一部专利权保护法。20世纪80年代，面对日本、德国等国家的飞速发展，美国"相继推出了《拜杜法案》《史蒂文森—威德勒技术创新法》《大学与小企业专利程序法案》《技术创新法》《专利与商标法修正案》《联邦技术转让法》《美国发明人保护法》《技术移转商业化法》等保护知识产权的法律法规"[1]。美国结合各项法案的具体实施情况，不断对法律法规进行调整、完善与补充，规范专利侵权诉权程序，从而有效地打击了知识产权纠纷事件，进一步保护了科技创新人员的知识产权，促进了科研成果产业化转化，极大地提高了科技创新人员的工作积极性，对美国的科技创新事业产生了推动作用。由此，美国在知识产权保护方面形成了巨大优势，成为激发全社会创新活力、加快科技创新成果转化的重要源泉。

---

[1] 严锦梅，刘戍骄. 系统视角下国家创新体系中的政府作用——基于美国和日本的创新实践综述 [J]. 中国科技论坛，2022（02）：50-58.

　　重视对人才的创新教育。美国的教育具有资源优质、质量过硬、环境宽松自由等特点，教育普及率高。美国政府非常注重激发学生的创造创新潜能，均设有不同水平的创新教育。在基础教育阶段，美国重视对学生技术创新意识和能力的培养，通过自然科学、投资理财等课程的设立，有意识地培养学生的科学家和企业家精神；政府鼓励学校在校内设立拥有科学实验室、研讨会议室等场所的创客空间，在教师的专业指导下，学生可以充分发挥自身才能，将自己的创意变为实际的物品，并在学校的帮助下将物品推向市场。在高等教育阶段，美国大力支持高校学生从事科学研究，为学生提供优质的创新服务环境。鼓励学校建设先进的创新培训平台，成立科研理事会，设立创客交流中心，为学生的交流合作提供便利；同时，为高校学生提供大量创新实践机会，全面培养科技创新型人才。不仅如此，美国对创新创造型人才与科技创新型人才的培养不止局限于学校教育阶段，在工作阶段也依然存在。比如诸多美国企业设立了关于创新创造的交流共享与合作平台，为人才的交流与协作提供便利；企业内部会定期举办各种技能培训课程，提升员工的创新思维与技能。同时，员工还会自发组织各种技能交流类活动，在互相学习中提高自身的综合素养。这些不仅提高了人才的归属认同感，而且使人才创新创造的积极性得以充分激发，促进了企业与员工的互利双赢，同时也为美国的科技创新事业注入了动力。

　　加强对融资体系的创新。中小企业是科技创新的重要主体，中小企业创新能够对国家的经济发展产生重要的推动力。美国对中小企业进行科技创新活动非常支持，进行了较大规模的资金投入，并且形成了完备的融资体系，积累了丰富的成功经验。由于存在自身信用缺失、经营风险大、可担保财产有限等问题，中小企业在融资体系中相对居于弱势地位，在其推进科技创新的过程中，存在融资困难的巨大障碍，会面临缺乏资金支持的状况，对其科技创新活动产生了很大阻碍。因此，美国政府不断完善财政税收政策，不断创新中小企业的融资体系，加大对中小企业的财政专项补贴力度，并允许其申请低息贷款，为科技创新活动提供直接的资金支持，为技术进步和科技创新提供强大动力，充分维护中小企业的利益，使其在经济发展中的重要作用得以充分发挥。

2. 聚焦全球科技创新前沿

推动融合科学发展。美国不断完善相关科技政策体系，深入推进多学科交叉发展。美国根据国家发展的需求及经济社会发展的需要，打破了传统学科之间的壁垒，促进交叉学科融合，使科技创新的效率大大提升。为了满足高水平科学研究项目对复合型科研人才和跨学科团队的需要，美国打破传统的科研管理模式，大力完善学科交叉人才的培育和项目资助政策，深入探寻满足融合科学发展需要的科技评价机制，不断提高科研人才的综合素养，持续培养多学科交叉高层次科研人才，为科技创新注入源源不断的人才动力。同时，拓展融合科学研究及其应用的范围。美国重视民生科技的发展，尤其是生命健康领域的发展；加大包容性创新力度，为落后地区科技发展提供支持。在推进融合科学发展方面，美国麻省理工学院成立了以"融合科学"新范式为主导的戴维德·H.科赫整合癌症研究所。以该研究所为例，在工作设施与工作环境方面，该研究所在各楼层均设立生物科学与工程实验室，且建有完备的公共设施，为研究人员创设了有利于交叉融合的办公环境，使研究人员能够在便利的条件下进行合作与交流，从而促进更多科研创新成果；在科研项目设置方面，为支持研究人员开展更深入、更先进的研究，研究所专门设立前沿研究项目，加大对人类生命健康等相关重大问题的研究。研究所主要通过接受外界捐赠的方式筹集资金，投入到前沿研究项目中，促进融合科学的发展。

发挥民间资助科学研究的优势。美国重视民间资助对科研活动的重要作用。民间资助与政府资助科学研究互为补充，有效促进美国科技创新事业的发展。在第二次世界大战之前，美国推进科学技术研究、加强高等教育改革的资金主要来源于民间基金会。由于"布什报告"的影响，政府投资逐渐成为美国推进科研活动的支柱。在美国经济飞速发展、科学技术高度繁荣的背景下，民间资本对科技创新的关注程度也在不断提升。在美国，每年民间对高等院校捐赠资金的总量非常之高。美国高等院校充分尊重捐赠者的个人意愿，合理地规划和使用慈善资金，并且诸多高校的大楼都以资金捐赠者的名字命名，对继续筹集民间资本产生了良好的推动效果。民间捐赠者对基础科学、人文学科与高新技术等的关注与重视，在一定程度上有助于美国高校对科研人才的培养，促进了美国科技创新能力的提升，推动了美国的学术进步。

发挥大学在科学研究的优势。美国在科技创新中及时巩固政府与大学的合作关系，推动了科技创新的统筹协调。首先，美国科技创新取得重大突破的一个重要原因就是大学、产业、政府紧密配合，并在此基础上形成了联系紧密的官产学合作。美国科技创新官产学相结合，使得科技创新成果转化为驱动经济发展的重要动力。其次，美国科技创新的成功离不开研究型大学的支持。美国世界一流大学云集，为科技创新的发展提供了良好的发展平台。美国政府大力支持高校的发展，并在科技创新等前沿领域开创了大量研究型大学。由于美国大学与政府之间不存在领导与隶属关系，因此，美国政府与大学在科技创新中是双向发力的主体，共同推动了科技创新一体化的发展。美国政府不依赖于行政手段管理大学，注重对大学科技创新的资金支持，并提供基础资源服务，这在一定程度上也加强了政府与大学之间的协同创新，使得美国的科技创新体系更具活力。再次，美国在科技创新中注重政府与大学的协作。美国成立了较为专业的外部保障机构，强化了政府与大学之间的沟通机制，巩固了政府与大学直接的交流合作，促进了科技成果的转化，让大学科研机构专注于研发，有力保障了科技创新成果的运用。最后，美国政府为大学的发展提供了大量各类研究经费，并支持研究型大学的构建及发展，进一步巩固和强化着政府与大学在科技创新领域的合作。

美国科技创新的发展依托基础研究赋能技术创新和经济增长。首先，美国注重基础研究的发展，美国联邦政府注重对基础研究的政策支持，主要有罗斯福政府设立的科学研究和发展局、杜鲁门政府设立的科学咨询委员会，还包括里根政府强调基础研究、奥巴马政府加大对基础研究的资助力度等一系列举措，美国在诸多科技创新领域的成果得益于基础研究的赋能。其次，经济增长是美国科技创新的发展的内生动力。一方面，经济增长需要科技创新的不断助力。经济增长的长期稳定发展要注重高新技术产业对经济的贡献力度，并以科技创新来增强经济发展的动力，及时把握全球发展战略，提高美国在经济上的竞争力。另一方面，科技创新依赖于经济增长。科技创新的发展离不开雄厚经济实力的支撑，经济发展为科技创新筑牢了根基。美国科技创新在经济增长发展与基础研究双重保障下，不断迈向新高度、新征程。

3. 开创科技创新的"硅谷模式"

美国科技创新一体化的发展离不开硅谷对科技创新的支撑。硅谷作为美国高科技公司的云集之地，以斯坦福大学等知名大学为依托，聚集着美国科技创新的优势资源。美国科技创新的发展需要依托硅谷，但同时也要以硅谷发展经验为借鉴，打造科技创新的"硅谷模式"。在美国创新的发展过程中，打造科技创新的"硅谷模式"对推动美国科技创新一体化的发展具有重要意义。美国在打造科技创新的"硅谷模式"过程中，进一步促进了中小企业集群，并逐渐形成宽容失败、讲求合作、鼓励裂变的创新文化，为美国科技创新一体化的发展提供了物质基础和文化基础。

中小企业集群是开创美国科技创新的"硅谷模式"的基础。科技创新归根结底离不开科技创新企业对科技创新的贡献，美国硅谷集中了较多高科技产业，并促进了高科技中小企业集群发展，进一步推动了科技创新资源优势的发挥。中小企业集群孕育着科技创新发展的创新生态环境，美国科技创新的发展依托于硅谷各类产业集群，也在其他领域进一步打造美国科技创新的"硅谷模式"。美国促进中小企业集群主要从三个方面着手。一是加强市场主导作用，积极遵循市场发展规律，使得产业相同或相近的企业形成有规模的聚集效应，发挥某一领域科技创新的合力。二是根据不同城市群的发展需求，构建适合地区发展的产业集群型模式。美国不同的地域其科技创新资源的优势不同，要因地制宜，探索符合地区发展的产业集群模式。以美国亚利桑那州产业集群的发展为例，经过调研确定了八大产业集群，包括三个新兴产业集群。产业集群是关乎科技创新的重要因素，构建美国科技创新的"硅谷模式"需要因地制宜，充分发挥科技资源的比较优势。三是支柱型公司不断提高技术剥离裂变发展出新公司，为产业集群的发展增添了新的发展动力。美国科技创新大中型公司常会通过技术分离的手段，寻求其他领域的发展，也为科技创新产业集群提供了新的动力与资源。

美国独特的创新文化为科技创新"硅谷模式"的构建奠定了文化底蕴。美国科技创新之所以能取得巨大的成功，其中一个重要的原因就是其拥有的宽容失败的独特文化。首先，美国科技创新的发展离不开美国激励创新的文化环境。在美国科技创新的发展进程中，逐渐形成宽容失败的社会氛围和文化环境。在美国旧金山地区形成了独特的湾区文化，在这里敢于面对失败，也勇于包容失败。宽容失败的文化并不意味着降低了对科技创新的要求，而是更加激励着各类创新主体积极参与到科技创新的潮流中。失败是科技创新之路的宝贵经验，美国科技创新包容失败的独特文化，使得美国科技创新一体化发展有了更为坚实的文化底蕴。美国政府鼓励高风险、高投资的研究，注重在高科技等前沿领域的科技创新，这些现实因素孕育了美国宽容失败的文化氛围，也为科技创新的持续发展注入了源源不断的动力。其次，美国科技创新的发展与企业间的协作交流密不可分。美国科技创新的发展促进了硅谷这一高新技术产业的集群，产业集群使得科技创新的资源优势进一步放大，有力推动了科技创新在机制等方面的创新，从而推动科技创新领域的良性循环。美国在科技创新过程中形成了讲求合作的创新氛围，并力争拓展多领域的合作，根据自身产业的比较优势，在某些领域寻求契合点，进而形成鼓励裂变的创新文化，并逐渐发展为以硅谷为代表的美国式创新文化。

美国科技创新"硅谷模式"的构建注重以科技服务网络组织推动科技创新的发展，形成了政府、企业、高校、科研院所诸多创新主体的共生发展的科技创新网络。一是政府加强顶层设计，注重科技创新政策的设计与科技创新基础平台的构建。政府注重科技创新政策的前瞻性、战略性，及时调整科技创新政策，积极推动企业、高校、科研机构等发挥自身比较优势，积极参与科技创新，在科技创新中充分发挥作用。积极构建以政府为主导，企业、高校等创新主体多方参与的科技创新网络，实现科技创新协同发展的向好发展。二是紧跟全球科技变革大局，不断更新自身的科技创新理念，适应全球化、信息化等趋势，协同科技创新资源，实现科技创新领域的产、学、研一体化发展。充分发挥企业科技创新主体的力量，积极寻求高校的科技创新力量支持，充分发挥科技服务网络组织的作用，通过跨学科的交流和合作形成科技创新优势，不断壮大科技创新主体力量。

| 第五章 |

东北地区科技创新一体化发展的基本思路

东北地区科技创新一体化是东北区域一体化的内在要求。作为区域一体化创新驱动发展的原始动力，推进东北地区科技创新实现突破，有利于强化东北地区的科技研发创新链。推进东北地区科技创新一体化不是域外经验的简单移植，要将先进地区科技创新协同的社会建构逻辑与东北地区的特殊性相结合，从当前东北地区科技创新存在的机制、资源配置、要素流动、价值理念等方面存在的问题出发，结合中国、东北亚以及全球科技创新发展趋势，指明东北地区科技创新一体化的发展思路。

一、以增强体系能力为主线，实现体制机制相互联通

东北地区科技创新一体化发展首先应推进体制机制改革，既要适应我国科技创新的整体阶段性特征，也要满足区域发展的新要求，提升国家创新体系整体效能。

（一）建立科学高效的创新工作组织机制

1. 在决策环节，成立东北地区科技创新理事会，统筹东北地区科技创新发展的各项重点任务

东北地区科技创新理事会作为推进东北科技振兴的重要组织机制，要结合东北地区科技创新发展实际，阐明东北地区科技创新工作的具体特点和面临的形势，制定东北地区科协事业发展规划，研究提出针对东北地区的科技创新的指导思想、发展战略、政策规划、目标任务和保障措施等，讨论决定年度重大科技平台建设、重大科技项目落实与经费预算等事项，推动东北地区科技创新事业实现高质量发展。坚持系统观念，加强决策的整体性、前瞻性、战略性、科学性与时代性，避免决策的片面性、随意性等弊端，促进东北地区科技创新事业稳固根基、发扬优势、弥补不足。坚持深化改革，遵循科技创新工作规律，立足新时代新形势新要求，持续增强东北地区科技创新的动力与活力。要始终坚持以广大科技工作者为中心，充分尊重科技工作者的主体地位，使各项决策起到维护科技人才的各项基本权益的效果，进一步释放科技人才的创新激情与活力，鼓励科技人才形成勇于冒尖、敢于质疑、乐于奉献的创新精神，增强科技人才的创新自信，从而开创东北地区创新工作组织的新局面，提升东北地区科技创新事业发展的步伐，进而促进东北地区实现全面振兴。

以沈阳市为例，成立沈阳市科技创新工作领导小组，组织开展全市深化科技体制改革、科技创新体系建设和科技安全即风险防控重大问题研究；统筹协调提出深化科技体制改革的工作方案和措施；建立科技体制改革任务督查落实情况通报和上报制度。

2. 在咨询环节，整合国内外科技、管理、规划、产业、经济、企业、生态环境等方面资深专家的信息，组建滚动专家库

滚动专家库具有科学性、权威性与知识共享性等特征，主要从行业精英和专家的角度，客观、科学地解释咨询者在某些领域内的问题，为科学研究、政治经济、法治建设、产业规划、生态治理等方面提供准确性、专业性、权威性的解答，解决咨询者在各领域研究中专业知识不足、实际操作存在疑问等问题，进一步增强咨询者的科技创新能力，提高咨询者的工作质量和工作成效，进而对推动东北地区科技创新发展起到积极作用。要注重在不同领域、多种行业的专家、学者里，按产业经济、教科文卫等方面分门别类地进行遴选，以确保滚动专家库成员的广泛性、专业性和权威性。对滚动专家库成员的选拔要严格，滚动库专家应具有高水平的理论研究功底与实践操作水平，有较高程度的研究成果；要在其研究领域有较高权威性与知名度，是行业研究领域精英或实践中的领军人物、拔尖人才；应具备较高的政治素养和职业道德，对研究事业富有强烈的责任心；在实践中坚持实事求是，保持严谨的工作态度、较高的研究热情，要积极参加相关学术研讨活动，进而使专家智库充分发挥对东北地区科技创新发展的积极作用。参与重大项目研发方向的确定、目标凝练和具体任务方案的制定等，积极为东北地区的科技创新平台布局、科技园区建设与发展、科技人才队伍建设与保障等方面提供科学意见和建议，有针对性地解决科研工作者在工作中遇到的难题。专家咨询委员会中的专家成员在调查中，对所发现的问题进行充分细致的研究梳理，利用他们雄厚的专业知识和丰富的实践操作经验，进行正确判断，并制定相应措施对症下药，研讨提出高水准、高质量的咨询建议，从根本上解决问题。专家咨询委员会为东北地区科技创新的高质量发展注入了优势人才资源，为指导创新创业、改善东北地区科技创新环境、推进东北地区的科技与经济深度交融做出了重要贡献，为推进东北地区科技创新及经济发展起到了积极的引领作用。

以沈阳市为例，沈阳市不断完善并创新管理方式，在从事科技、经济、金融、民生等领域研究的专家学者中遴选咨询专家，在科技创新战略研究成果丰硕、有代表性咨询专家和相对固定的研究团队支撑的企事业单位或其所属单位（机构）中遴选研究基地，成立沈阳市科技创新智库；公开征集招标沈阳市科技创新智库研究课题，以政策研究咨询为主攻方向，紧紧围绕新时代振兴亟待回答和解决的现实问题。

3. 在执行环节，设立东北地区科技创新管理服务中心

科技创新管理服务中心主要负责开展关于各类科技平台和项目实施的管理服务工作，组织进行对东北地区科技创新一体化发展的督促与考核，承担创新型的科技园区建设、企业培育、产业集群发展及科技成果转化等专业化科技创新管理服务工作。打造一站式科技创新资源统筹管理服务体系，积极推进跨地区综合性科技创新管理服务平台建设，建立健全东北地区自主科技创新广场，提高科技创新园等科技服务示范区的整体建设水平，有效提升服务效率。坚持把新发展理念贯穿科技创新管理服务的全过程和各领域，全面深化服务系统改革，建立健全标准化的管理服务体系，促进服务质量和服务效率极大提升，推动形成有利于促进科技创新研究、科技创新人才成长以及有效激发创新创造热情的良好氛围，助力东北地区的科技创新事业实现更为安全、更可持续、更有前景的发展。创新服务方式，服务构建新发展格局，推进服务方式现代化、手段多元化、服务体系网络化，完善网络科技服务平台，构建线上与线下相结合的科技创新管理服务共同体。提升对重要关键核心技术项目的支持和服务力度，推动科技资源的充分有效利用，提高东北地区的创新优势。构建开放、合作的科技创新

管理服务机制，坚持统筹集成、共建共享，鼓励东北地区部分优秀科技创新企业充分发挥辐射带动和示范牵引作用，打破地域限制，发扬合作精神，促进各部分之间相互协作、取长补短，有利于产生更多具有先进性、前瞻性的科技创新研究成果，进而推动东北地区经济社会的发展。

以沈阳市为例，优化发展机制，建立产业专班，加强统筹协调，定期调度，研究部署产业发展、政策落实、协同创新等问题，在沈阳市工信局牵头、沈阳市各区县（市）政府、管委会配合下协同联动，聚集沈阳市科技创新资源。

（二）优化调整重大科技项目组织实施机制

1. 改进对重大项目研发管理的方式

对于符合国家重大战略需求的科技项目，即实行由政府领导和规划、面向全社会公开收集先进科技创新成果的非周期性科技研发资助安排。要在榜单选题机制、榜单出题机制、榜单形成机制等方面做出调整与创新，将选题机制常态化、完整化、体系化，号召大学、科研院所、科技创新型企业、智库等各类相关的科研主体，共同依据当前世界科技发展趋势及科技创新前沿，更新重大科研问题和关键核心技术清单，明确东北地区重点科研方向。建立健全长效、稳定、系统的支持机制，为科学家全心全力挑战科技研发难题提供长效保障。要改善组织管理，在重大科技创新项目中，国家要充分发挥组织者的作用，加强统一领导与统筹规划，引导各个创新主体相互协作、优势互补。对于长期战略任务，要在设备、资金等方面给"揭榜者"稳定的支持，并按项目进行不同阶段的动态调整；对于紧急科研任务，鼓励多个创新主体联合攻关，以多路线协同推进。实行分类激励制度，建立长期、系统、完整的激励机制；对项目顺利完成的挂帅者、筹划者和突破者，科研论功行赏、奖补结合；对于尽职工作但成果不尽如人意的科研工作者要给予理解和包容，避免影响整个科研团队的工作热情。合理整合各类科技资源，优化科技资源的配置，广泛汇聚科技研发的各类优势力量，有组织、有计划且高效率地解决科技创新难题。对促进东北地区经济社会发展的科技项目，由东北地区各省份共同组织谋划，广泛集聚社会科研力量，齐心协力探索并完善区域内"悬赏制"等项目管理方式，学习国内外先进的项目组织机制及管理模式，推动东北地区重大科技项目的良好运行。在面临制度实行、项目运行中遇到的难题时，要相互协助、共克难题。

2. 建立健全重大突发公共卫生事件科技应急管理机制，不断推进应急响应体系建设

科技在突发事件应急管理中具有极其重要的作用，必须提升科技在公共卫生、重大灾害等方面的应急管理中的分量。针对公共卫生事件的突发性、综合性、变化性和超地域性等特征，要注重应急管理体系的整合与协调，推动应急管理机制从单项应急管理向综合应急管理发生转变，构建反应迅速、上下联动的应急管理体系，使应急反应机制更为科学、专业、完整、精细。强化高校、医疗机构、科技企业的紧密合作，建立"高校、科研单位、医疗机构围绕重大攻关任务的合作体系"①，构建社会有序参与的科技研发应急管理制度平台。持续加强对应急管理制度的科学探究，要以科学研究作为支撑，通过研究国内外先进的科技研发应急管理体系，加强对各类突发疾病和社会灾害的相关调查研究，摸索社会风险与社会危机发生的特点及发生规律。要充分了解民情民意，有针对性地制定和采取相应政策和

---

① 李明穗，王卓然，武乐，等.我国突发公共卫生事件科技应急支撑体系建设[J].中国工程科学，2021，23（06）：139-146.

措施，从而推进东北地区科技研发应急管理体系的有序发展。要提升应急管理工作制度化、法治化，不断完善东北地区科技研发应急管理法治建设，推进多方协作，要健全防控法治体系，科学立法立规，依法履职履责，加强执法司法，运用法治思想和法治手段处置和应对重大突发公共卫生事件，坚持依法处置、依法治理，从立法、执法、司法、守法各环节完善重大突发事件的处置机制，在防控防治和处置安置工作中"用好法律武器、补好法律漏洞、做好法律服务"①，进一步加强科技研发应急管理体系的法制性、组织性和系统性。促进应急管理工作重心下移，维护人民安居乐业、社会安定有序的和谐氛围，促进东北地区实现更高水平的发展。

以沈阳市为例，2020年沈阳市增设"新冠肺炎防控应急专项"，企业创新能力提升计划累计安排科技专项资金2.91亿元，实施高企补助和双培育专项，落实高企认定奖补和双培育入库补助资金；实施双创补助专项，支持孵化器、众创空间建设，提质扩容双创载体。科技创新环境营造计划着力构建以协同创新为核心的科技创新体系，累计安排科技专项补助资金1.62亿元，支持新型研发机构建设。

3. 完善科研管理方式，增强科研人员的创造性和工作积极性

要在尊重科研项目研究的规律、方法和特点的基础上，加强顶层设计，深入推进科研管理制度改革。要善于解放思想、打破体制机制的陈规，制定具有权威性、完整性、预见性、可操作性且符合科研任务实际的科研管理制度。要依据国家相关法律法规，在强化科研伦理和学风建设等方面下功夫，提高科研人员相关的法律知识储备量和社会责任感，确保科研人员

---

① 张莹，陈庆国.国家重大公共卫生应急管理体系建设研究[J].地方财政研究，2021（09）：107-112.

对科研经费进行合理、合法、科学、规范的使用，防止科研机构或科研人员抢夺科研项目、乱用科研经费等不良现象发生，为科研人员营造公平、公正、开放、包容、健康的管理环境，培养高质量科技研究人才。各级政府和科研单位需要通力合作、相互配合、优势互补，加强对各类科研人员的思想政治教育，打破封闭保守、安于现状、循规蹈矩的消极思想以及嫉贤妒能、追名逐利等行为对科研创新工作的负面影响，引导科研人员真诚地热爱科研事业并积极投身于科研工作。通过完善科研人才培养政策、评选科研先进集体和科研先进个人、加大科研人才奖励力度等方式，构建并维护尊重科学、尊重人才、敢于创新、勇于挑战的良好的科研学术氛围，为科研人员创造舒适、稳定、和谐、愉悦的工作环境，从而促使创新型科研人员在科学研究和学术探索中不断创造出更多高质量的科学研究成果。

以沈阳市为例，沈阳市全力推进高校、科研院所以及国有企业科研成果转化收益分配机制改革，位于沈阳的东北大学鼓励利用转化收益经费聘任兼职科研队伍，探索科技人员全职或兼职开展创新创业，充分激发科技人员创造性。

（三）完善科技创新能力开放合作机制

1. 加强国际科技交流合作

随着信息化和全球化的高度发展，东北地区应审时度势，把握时机，打破壁垒，深化国际科技的沟通与协作，要不断拓展国际科技合作渠道，通过运用互联网技术，充分挖掘和全面整合国内外先进的科技创新资源，支持具有一定科研能力的科研机构、企业及高校等结合自身的实际情况和发展需要，紧跟国内外科技发展的最新趋势，联合设立科技研发中心，为科研人员搭建国际科技交流合作的桥梁。坚持将新兴战略产业和传统产业技术相结合,科学配置科技资源,鼓励科研机构、高校以及企业等结合需要,相互配合、联合探究、加强协作,开展多边技术攻关合作,从而突破科技创新瓶颈、掌握关键核心技术,提高自主创新能力以及科技创新水平。创建科技项目需求库,充分运用"互联网+"的有利条件,不断更新并完善科技资源数据库,加强科技创新经验交流,提升对外科技合作水平。建设国际科技信息交流平台和合作基地,通过政策的支持、引导以及资源集成,吸引国外先进科技项目及优秀科研人才,打造国际科技创新研发智慧高地,不断开拓国际科研合作空间,提高国际科技合作的水平与效能,深化国际科技合作的广度与深度。引入国外先进科研设备与科学技术,促进技术引进的消化吸收与合理运用,创建具有高度竞争力的高科技企业。大力举办国际高端科技交流学术论坛、国际科技博览会、投融资促进会等活动,展示行业内的新思想、新技术、新产品及新应用等重点内容,分享科技创新的成果及经验,共享科技发展潮流,进一步深化东北地区与全国各地乃至世界各国在科技创新层面的交流合作。

以沈阳市为例,近年来,对外开放创新合作效能显著提升,京沈对接合作成效显著,引入了中国(沈阳)知识产权保护中心等一批高水平科技服务机构;构建开放创新网络,飞利浦(沈阳)产品创新中心落地沈阳国际软件园,建成全球唯一的基础型 CT 和 CT 核心部件产品研发中心;万科中日产业园、启迪中韩产业园开工建设,加强对德合作,成立中德(沈阳)高端装备制造创新委员会。

2. 支持企业、高校和科研院所参与或主导国际大科学计划和大科学工程

要进一步加强政府层面的领导和规划,建立以当地政府引导、由各企

业和高校及科研院所等多主体共同参与的战略合作格局。应充分了解国内外科技研究的主流方向和最新进展，结合热门领域，鼓励各企业、高校及科研院所积极参与或组织各类大型国际科研项目，推动企业、高校和科研院所相互协作、形成合力，共同进行长远规划，加强前瞻布局，实现国际科研合作的重大突破。充分利用高校相关学科的优势和长期培养的国内外高等科研人才优势，合理利用有科研实力的企业在国内外积累的优质科技合作资源，充分发挥各科研院所的科研能力以及在国际大科学计划和工程项目中沉淀的经验，凝聚各方优势力量，形成联合优势，壮大科技交流合作共同体。改革现有相关的国际科技合作体制机制，提升东北地区在国际科技交流合作领域的份额与地位。深入研究国际大科学相关法律法规，提高知识产权保护意识，维护稳定的发展秩序。鼓励更多科学研究者投身于国际科技合作计划，组建由具有相关组织和管理能力、拥有国际科技交流合作经验的科学研究者组成的智库，推动东北地区国际科技交流合作的纵深发展。

3. 构建国际化的科技交流合作环境，形成具有国际竞争力的国际科技交流合作与人才培养的保障机制

完善国际科技交流合作保障机制，加大税收优惠等政策支持，对国际科技交流合作中所需要的各个要素实行分类管理，提高通关审核效率；大力完善科研合作项目建设，在鼓励与海外高校、科研机构或企业开展科研技术交流合作的过程中，建立并完善科技合作信息服务平台，关注各国先进的科研技术、优秀的科研项目等并及时进行整理和发布，满足高校、科研机构或企业的国际科技合作需求，做好对国外科研技术、项目及专家的引进等工作，优化科研统筹协调，提高国际合作的宏观管理水平，提升科

技创新效能。同时，重视科研知识产权维权工作，着重完善知识产权保护机制，不断完善知识产权信息服务平台建设，加大执法力度，充分发挥法律的威慑作用，强化对国际科技合作风险的排查与管控，为科研人员提供知识产权分析、评估、预警以及保护服务，保护科研人员的合法知识产权，为企业、高校以及科研院所等的国际科技交流合作提供保障。要以知识产权保护作为引擎，使得科研工作者拥有更加开放、透明与公平的科研环境，让各科研主体能够在完备的国际科技交流合作保障机制中安心地进行科学研究，充分激发科技创新活力。在国际交流合作背景下，加强东北地区各个高校、科研机构、科研企业、科研实验室及科技组织等的人才管理体制及规章制度建设。参考各国优秀科研人员培养方案，不断创新培训理念、设施及条件，增强体制应变能力，全面提高科研人才培养的质量和水准，为培养国际化科研人才提供良好保障，从而提高东北地区的科研竞争力。

二、以优化资源配置为重点，实现创新要素自由流通

（一）劳动力要素：优化科技创新人才配置

1. 调整并优化东北地区高等院校的学科建设和人才培养制度，建立全方位、多层次的科技人才培养体系

大力提升高等院校科技研究及自主创新能力，积极建设高水平的科研教育平台，为实现东北振兴提供智力支持和科技支撑。高等院校要做好教育发展规划，根据自身定位和办学特色，发挥东北地区的科技重点产业和特色高新技术产业优势，推动教学管理制度和传统学科建设的更新与整改，加强基础科学研究和科学技术研发，深化产、学、研融合，提升高等院校人才培养和科学研究能力；建立科学的教学管理制度，提高国际化课程设

置水平，将传统教学方式和现代教育理念相结合、传统课程与国际课程相结合，善于整合国内外高等教育资源和科研最新成果，引进国外高质量的科研课程，将国内外最先进的科研项目、科研成果作为案例安排进教材和课堂中，激发教育事业的强大活力和科学研究的重大突破；积极开展高校智库建设，培育科技创新人才及专业科研团队，创新科研项目资金管理机制，充分发挥科研项目资金的激励引导作用，有效激发教师和科研人员科学研究的积极性和创造性；完善与学校发展水平相适应的绩效分配体系，使分配制度在吸引和稳定优秀人才、壮大高层次科研人才队伍等方面充分发挥积极作用，确保高等学校的教学和管理活动更加规范化和有序化，使优秀科研人才的主动性和创造性得以充分发挥；推进高等院校对科研成果评价体系的完善，建立健全科学、全面的评价体系，要"适当延长评价周期，即将学生完成科研项目后在后续科研中的成长情况纳入评价"[1]，使高校的科研成果评价制度有利于充分激发学生、教师等科学研究者的创新活力，为构建高校科研新发展格局提供保障。鼓励东北地区高校积极开展国际科技合作交流，创新科研人才培养模式，建立国际化科研人才培养平台，与国外高水平名校和科研机构开展联合培养、访学研讨、短期访学等形式的全方位多层次的交流与合作，提高东北地区高等院校对科技创新人才的培养水平和培养质量，推动东北地区高等院校打破科研人才培养的束缚，提高科研人才培养质量，从而推动东北地区科技创新发展。

以沈阳市为例，一方面，高端人才资源不断丰富，至 2019 年，沈阳拥有两院院士 24 名、长江学者 46 名、经国家认定海内外高层次人才 152 人，

---

① 杨登才，赵靖忻. 高校科研成果评价探析——基于创新型人才培养的思考 [J]. 中国高校科技，2021（12）：31-34.

为辽沈发展提供强大智力支持。另一方面，教育培养结构不断优化，研究生培养力度显著增强，为沈阳产业创新提供坚实的后备人才力量。不能忽视的是，近年来，沈阳加大中德技术应用学院、新松教育集团、宝马实训中心、辽宁轨道交通职业学院等新型职业教育体系的发展力度，不断加大技术型、应用型人才培养。

2.合理提高科研人才的福利待遇，提升东北地区科研人才资源的竞争优势

科研人员是从事科技研究并创造科技成果的高级知识分子，要更好地留住广大科研人才立足东北，必须不断创新科研人员的管理和服务方式，充分肯定科研人员在智力劳动和体力劳动上的价值和贡献，坚持以人为本，维护充满活力的科技管理和运行机制，为科研事业的发展创造良好的政策环境；提高科研人员的工资水平，有效提升科研人员的生活质量，在人才最关心的待遇申领方面，制定严格的补贴和优惠等保障配套福利的申领程序，确保"环节的公平、公开、公正"[①]，从而增强科研人员的工作积极性，使科研人员在没有后顾之忧的前提下更好地完成科研任务和科研目标；给予广大科研人员更好的政策福利，重视健全并改善科研人员在工作后的医疗保险制度、住房制度、养老保险制度等相关福利和社会保障制度，完善知识产权保护法律体系，及时填补漏洞，充分保障科研人员的各项基本权益；优化奖励和保障机制，打破"唯学历""唯论文"等具有片面性和局限性的奖励倾向和传统绩效激励机制，要对科研人员进行全面、客观的考察和评价，关注科研人员的科学研究能力、研究质量、工作实效和突出贡

---

① 杨婧，张舒逸，宋微，等.吉林省科技创新人才服务平台建设思考[J].合作经济与科技，2022（03）：118-119.

献，使科研人员的付出及时得到合理的回报。对于支持创新人才创业方面的资助，对原有烦冗的项目评定平台审批程序进行适当简化，优化申报流程，缩短审批时间，提高工作效率，进而促进创新人才立项和创业积极性；从平台引领者的角度，相关部门应"适当加大对技术研发人才的投入，增加前沿技术和重大攻关项目中科研人员经费的比重，引领高层次创新"①，重视提升科研人员的福利待遇，促进科研工作者全身心地进行科研活动，创造出更多高质量的科研成果，而且能够为东北地区构建良好的区域发展环境，从而吸引和鼓励更多的科研人员主动扎根东北地区，促进东北地区科技创新一体化建设，为实现东北振兴助力。

以沈阳市为例，为全力推进新型研发机构发展，吸纳优秀创新人才，以科研为产业，技术为产品，服务为目标，实现技术研发、技术转移、成果转化和成果孵化，建立自主经营、机智灵活、市场化的人才激励机制和考核评价制度，实行合同科研、自主分配、绩效考核的管理制度。近年来，沈阳不断细化、深化"兴辽英才计划""盛京人才"等人才政策，带土移植引进科技人才，以"人才+项目""人才+平台""人才+项目+基地"等多种模式打造人才汇集的政策"洼地"，增强对创新人才的吸引力和凝聚力。深化科技评价改革、科技成果"三权"改革，推进股权激励机制，支持事业编制科技人员兼职创新创业。

3. 健全科学合理的科技人才引进与培养机制

加快推进科技人才体制机制改革与创新，培育并吸引更多国内外高层次优秀科研人才和专家来到东北地区从事科技研发和创新工作，增强东北

---

① 杨婧，张舒逸，宋微，等.吉林省科技创新人才服务平台建设思考[J].合作经济与科技，2022（03）：118-119.

地区科技创新能力。政府要发挥宏观调控作用，加快放管服改革，加大对东北地区科技人才资源扶持力度，优化东北地区的科技环境，推动东北地区加快科技创新进程；全面推进机制完善、运行规范的科技人才培养体系建设，完善公平竞争、优胜劣汰的科技人才市场环境，打破科技人才市场的发展障碍，优化资源配置率，促进科技创新要素合理流动，促使科技创新成果实现成功转化，推动东北地区以科技创新引领高质量发展；加强东北地区与我国东、中、西部地区的科技交流与合作，建立起科技人才资源配置联系网，促进生产要素充分流动，实现"优势互补以及创新资源的合理配置"①；借鉴国内外先进的科研人才管理经验，结合实际情况对自身进行整改，促进东北地区实现科技创新的跨越式发展；打造并完善"人才特区"，构建科技人才集聚高地，并充分发挥人才聚集效应，从而更好地促进东北地区吸引科技创新人才，加快科技产业创新；重视对国内外优秀科研人才的使用与培养，通过借助媒体或招聘网站等平台，广泛发布对国内外科技人才的需求信息，加大对各地科研人才的招聘力度，开拓并创新人才引进渠道；要爱护人才、珍惜人才，对于培养和引进的科技人才，要保证人尽其才、人事相宜，使每一位科技人才都能够充分发挥自身的优势和长处；在户口迁移、配偶安置、买房住房、工资津贴及子女就学等方面要对科研人才给予适当的政策扶持，这样不仅能更好地留住科研人才，而且有利于科研人才在没有后顾之忧的情况下创造出更多的科研成果。

近年来，沈阳市人才政策体系不断优化，不断推进"人才+项目+基地"一体化模式，对接国家科技合作专项、引智计划、省级"一带一路"专项，

---

① 王嘉丽,赵杭莉,张夏恒.创新链视角下中国高技术产业创新效率研究[J].技术经济与管理研究，2022（02）：41-46.

引进海外高端人才和技能人才。同时，沈阳市加快"引资""引智"与"引技"互促协调，引进国际高学历、高技术人才；面向国内、国外两个层面，不断组织搭建科技交流平台，在科技领域的合作研发中推动人才的全球流动。

（二）资金要素：优化创新投融资金融服务

1. 完善区域协同发展的财税政策

取消不利于各个区域之间公平竞争的地方财税政策，结合东北地区的实际情况，创新一体化体制机制，加强财税政策联接的紧密性和政策执行的协同性，将东北地区的纳税信用、税收执法等标准逐步实现统一，促进东北地区各省（市、区）之间业务通办，实现不同地区、不同部门、不同层级之间相互协助、共同办理，推进办税工作便利化，使基层税务工作者能够更好地平衡税收征纳关系，有效提升税务工作的服务质量和服务水平，充分保障税收执法的公平公正，消除某些纳税义务人在面对处罚时的消极情绪，使税收更好地发挥助力东北科技创新一体化高质量发展的作用。加快提升东北地区财税服务的信息化水平，打造具有规范化、集约化、现代化的财税服务一体化网络平台。加强网络平台的安全保障，完善网络平台的运营管理，推进东北地区各区域的税收征管协作。加快完善财税及相关部门的数据共享机制，健全税收大数据安全管理与保障体系，完善漏洞监测预警及应急处理机制，使数据安全风险评估和检查等工作常态化，筑牢数据的安全防护网。建立健全联席会议制度，通过定期举办联席会议，沟通东北地区间的各项合作事宜，讨论并解决税收联合征管过程中存在的问题，形成监管合力，打造共同发展、优势互补的良好模式。推动税务执法、服务与监管的理念和手段的革新。明确职责划分，加强基层税务部门涉税、涉费业务办理及日常服务等基础性职责，省以上税务部门要深化全局性、系统性的执法、服务及监管等职责，增强整体统筹能力；加强人才培养，培养税务领军人才和各层次骨干人才，着力构建素质高、业务强的税务执法队伍；优化绩效管理，进一步推动税务执法质量迈上新台阶，进而为人才、资本、企业等跨地区流动提供更规范、更便利的政策条件。

2. 以推动新兴科技研发机构建设、促进创新型企业培育为目标

由东北三省人民政府和社会各界设立或者联合设立科技创新基金，通过政府的引领和带动作用，汇集资源投入早期科技创业型企业，推动科技研究机构及其项目培育、创新型科研企业及其产业培育、高端科研人才引进项目培育以及吸引国外留学人才来东北地区创业等，解决科技创新企业初创时期资金缺乏、融资困难等问题，推进东北地区科技融资改革，增强企业自主创新能力，支持东北地区科技创新企业发展。通过成立科技创新基金管理委员会，负责确定基金投资方向、规划年度投资重点、制定基金基本管理制度、统筹协调基金使用过程中的各类重大事项、监督审核基金年度运行结果及成效等。科技创新基金管理委员会下设基金管理办公室，主要负责执行管委会的各项决议、协助管委会协调处理日常工作、组织科技创新基金运行绩效考核评价等。要确保科技创新基金合理、有效、充分利用，提升基金的使用效益，科技创新基金的使用方式和管理原则必须严格遵守国家及地方的相关法律法规及财务规章制度，要在政府的指引下，实行合同制管理，坚持合理合法申请、公平公正审核、择优选优支持、科学严谨管理等原则。对科研技术强、有一定创新能力和创新水平、有后续发展潜能的科技创新型企业可以给予基金支持；对于国内外高层次科研人才、优秀科研团队及知名科研机构携带科研技术与资金来东北地区创新创业的可以给予以奖代补。要保证做到专款专用，制定完整的绩效评价，确

保基金的合理使用。

以沈阳市为例，在沈阳市财政局、沈阳市科技局牵头下，不断建立完善市、区（县）两级科技创新资金增长机制，确保在科技创新政策引导下增量发展。同时，不断加大财政科技投入与银行信贷、创投基金、企业研发投入等社会资本结合，不断推进多元投入机制的形成，增强财政科技投入的引导放大效应。沈阳市不断落实新材料首批次应用补贴等政策，在国家重大工程应用奖励、本地重点产业应用奖励、"专精特新"奖励、平台建设奖励等方面不断完善沈阳市新产品研发与产业振兴发展政策体系，推动技术创新、科研成果转化、新产品运用。通过政府资金引导，吸收民间资金、机构资本等多元资本组建产业发展专项资金。同时鼓励各区、县（市）政府对科技创新融资给予政策支持。

3. 鼓励银行设立科技支行

科技型企业是市场中最活跃的创新主体，对推动经济增长、促进社会稳定起到了极大作用。由于科技型企业一定程度上存在抗风险能力差、科技创新资金不足、社会融资困难等问题，因此，促进东北地区各级政府、科技企业与银行携手共进，兼顾个人理财与贷款、公司投融资、金融市场等传统银行业务，实现三方共赢。科技支行针对科技型中小企业在发展中遇到的问题，推出专属产品，破解其因缺少实物资产而导致融资难等发展难题，为科技型企业提供源源不断的金融支持，帮助科技型企业实现专利升级、产品更新。提前确定发债目标，明确全年发债数量区间；强化考核激励力度，将债券承销发行管理工作纳入年度综合评价，增强工作的主动性与积极性。完善银企走访对接机制，满足直融需求，提高各类走访对接平台的利用率，根据走访调查情况，定期上报企业债券发行的实际需求与主要计划。完善网络实时对接平台，如建立债券融资银企对接公众号、债务融资互动群等，增强债务融资工具的知晓度。建立健全债务融资工具监测体系，采取全口径动态监控的方式，定期完成存续期内企业违约风险警报，重点关注近期到期的债券资金兑付情况，并进行及时汇报。鼓励金融机构进驻，并对新成立、新迁入的科技金融机构给予一定的房租补贴。推动金融科技企业与金融机构合作，协同发展，共同开展关键技术创新，对具有重大基础设施建设任务的相关单位，给予一次性资金支持。对东北地区的科技企业开展贷款、租赁、担保等业务的科技支行、科技担保公司、科技租赁公司等，开展风险补偿资金池业务。打造"评、保、贷、投、易"五位一体的科技金融服务体系，提供科学的知识产权评估服务，引入有较高知名度的评估机构，为中小微科技型企业提供技术创造能力、知识产权、投资融资等方面的价值评估和价值判断；给予系统的贷款融资服务，以科技银行为核心，增加保理、信托、融资租赁等内容，构建多元化的贷款通道；实行完备的股权投资服务，联合各基金公司，创立债股结合的投资联盟，交易模式建立交易平台，在产权交易所、股权交易所的辅助下，疏通产权交易通道；将金融和资本工具相结合，实现实验室和产业的精准对接，推动科技成果转化应用落地。

近年来，沈阳充分发挥盛京基金小镇、和平金融小镇作用，支持禾诚创投、浑南创投、中德产投、德鸿资本、星咖汇等创投机构专业化发展。推进浦发银行沈阳国际软件园小微支行、沈阳农村商业银行浑南科技支行等科技支行发展壮大。加大瞪羚独角兽企业贷款贴息力度，落实科技类中小企业担保费率补贴。遴选拓荆科技、宏图创展、美行科技、新松医疗等一批行业市场占有率高、盈利状况好的隐形冠军企业，支持在科创板和创业板上市。

（三）技术要素：疏通科研成果转化渠道

1.持续深化科技成果所有权制度改革，焕发科研人员的工作活力和创新热情

要不断完善科技成果产权制度，推进产权制度的体系化、完整化、科学化发展，以产权充分激发科研人员的创新潜能，释放科技创新工作者的生产动力，调动科研人员的工作积极性，不断提升授权力度，同时免去不必要的管理程序，最大限度地为科技成果转化创造新路径。要注重科技成果转化过程中收益分配的问题，高等院校科技成果转移、转化所获取的收益，可留于自身使用，纳入学校科研预算，投入科技创新研发。对科技创新及科技成果转化做出重要贡献的研发人员，可给予适当奖励和科研补助，其余部分收益主要用于科学技术研究等相关用途。完善保障科研人员科技成果所有权或使用权的制度，积极落实相关政策，促进东北地区科技成果的归属权、使用权和收益权改革，使科技工作者们真正拥有科技成果的归属权与使用权，更加尊重科技工作者的创造成果，进一步增强科研人员的创造热情和积极性，提升科技成果产业化的速度与成效，进而为推动东北地区科技成果转移转化、促进经济发展和建设科技创新型地区做出积极贡献。为科研成果转化构建多种渠道，构建良好的科技创新环境。要明确主体责任，强化监督管理。企业、科研机构、高等院校等科技创新主体要遵循科技成果转化的基本规律，不断完善科技成果转化的体制机制，建立并完善科技成果转化领导集体决策制度，创新科技成果管理模式，将科技成果转化规范化；建立风险防控机制，强化监管职责，加强对自主转化科技成果的监督检查，及时发现潜在的问题，做到放管结合，实现有效监管，

从而不断增强科技成果转化效果。

2. 大力培育技术市场

成立东北地区企业技术创新工作委员会，鼓励、帮助、支持企业开展创新工作，并为其提供技术咨询服务。委员会要挑选不同性质、不同产业的科技创新型企业，围绕企业的发展目标和各阶段的发展任务，对其技术发展、管理制度、工艺手段等方面进行深入的调查研究，明确企业在科技创新过程中遇到的问题和实际需求，并针对调研内容进行针对性的指导，推动科技创新型企业不断发展。东北地区拥有国家重要的装备制造基地，已逐渐积累了扎实的产业基础与雄厚的科技创新资源。要紧密关注国内外现代科学技术的发展趋势，结合东北地区的发展趋势及企业的发展需求，加快推动东北地区科技创新与产业发展协同并进，坚持技术研究和实际应用"两条腿并进"，促进科学技术向现实生产力转化。各企业要坚持以问题为导向，加快产业升级转型，不局限于传统思维，不走盲目科研而脱离现实的路线，避免"单腿蹦"而导致企业发展失衡的问题产生，在不断创新中积极促进东北地区和国家的经济社会发展。鼓励各企业、科技机构在确定课题或开发项目时，紧扣市场需求，推动更多的科技创新项目走出实验室、走进社会，让诸多科技创新项目的研发成果转化为应用产品，实现东北地区高端科技、产业和资本的链接。积极引进有大型科研项目经验的科研人才，或召集来自人工机械智能、生物医药、装备研发制造等产、学、研各领域的高端技术人才，大力培育技术大市场和专业化技术经纪人团队，为科研与市场建立起沟通渠道，并加速科研成果转化，推动技术转移、转化质量和效率的提升。通过政府的合理引导、统筹布局，鼓励多方投入资金，打造功能完备、制度齐全、资源共享、高效运转、服务有效的科技成果转移转化服务平台，建设东北地区经济社会发展需要的科技成果转化公共服务体系，促进科技创新资源的合理应用，提高科技资源的利用率，充分满足东北地区的科技创新需求。建立健全科学技术交易项目数据库，不断完善科学技术交易的各项基本政策，健全相关法律法规，完善区域性技术交易服务协作机制。健全以企业技术需求为导向的信息动态发布机制，促进各项科技项目实现对接，推动各项科学技术成果转移扩散。

以沈阳市为例，近年来，依托"一城两中心"建设步伐，紧跟辽宁实验室建设，打造国家材料科学和智能制造创新高地。同时，沈阳市支持综合性国家科学中心建设，规划建设浑南科学城，积极引进重点高校、院所高端科学研究资源，支撑"两中心"创新能力。引进物理、应用化学、光学等基础科学资源，提升科学城综合科学水平，大力发展新一代信息技术，实现信息技术与材料、制造、装备的耦合与赋能。

3. 改进科研人才评价制度，促进科研人才实现跨境流动

科研人才评价制度是人才发展体制的重要组成部分，是管理科研人才的重要前提，主要包括对科研人才的科学知识、研发技能、创新能力、社会贡献等方面的评估和认定。完善科研人才评价制度，有利于提高科研人才素质、增强科研人才的研究能力和工作创造性。

首先，优化评价标准和方法。对科技人才成果的评价与考核，填补关键制度的漏洞，有效激发科研人员的创造创新活力。不以是否发表优秀论文作为唯一评价标准，不得对没有公开发表优秀论文的科研人才的晋升实行"一刀切"，重点关注人才解决技术难题的能力和科研创新取得的实绩，考核其完成科研工作任务的进展，以及将技术成果转化为经济效益的贡献等。为此，相关部门要进行深入调查、收集素材，依据不同专业和研究领

域的科研人才，有针对性地设计出以科研成果质量为导向、定性与定量相结合、因材施评的科研人才评价制度和评价体系，起到既满足科研人才的成长需要，又满足科研领域发展、推动社会进步的作用。

其次，充分利用科研人才激励制度的导向功能。进一步完善科技奖励制度，对有突出成果的科研人才要及时给予物质与精神奖励，在公开会议、论坛上奖励在科研领域普遍被认可、社会普遍受益的科研人才，让优秀的科技创新人才能够得到收益和回报，发挥好科研人才评价制度的正面激励作用，形成有利于科研人才创新的长效评价机制。

再次，完善第三方评价制度。降低评价的人为干预度，减少或消除科研人才评价中的干扰因素，加强第三方评价，有效落实以质量为导向的科研人才评价制度。借鉴国内外先进的科研人才评价和管理制度体系，收集全球科研领域专家信息并整合成为信息数据库，邀请科研专家参与东北地区的科研人才评价。

最后，建立健全监督约束体制机制，为质量为重、贡献为主的科技人才评价体系起到维护作用，有效保证科研人才评价的可信度。对引进的海外科研人才，要对其教育经历、工作经历、科研经历等方面进行查证，将其科研成果和社会贡献综合起来进行评价考量，不将教育背景、工作环境等方面简单视为评价其科研水平的唯一标准。同时，要加强群众的监督力度，增强科研人才评价过程的监督透明度，对于科研人才评价过程和结果存在的不公正问题，要加大惩罚力度，完善压力倒逼体制机制，使科技人才评价监督机制更具生机和活力，进而为东北地区实施创新驱动发展战略提供充分保障。

三、以设施平台载体为依托，实现创新资源共享贯通

创新资源共享的意义指向逐步清晰，其作为一种适应平台经济、共享经济发展的新型创新范式，以设施平台为基础，以移动互联、云计算、大数据等技术手段为支撑，低成本、高效率地获取创新资源，提高创新效率。

（一）共建重大科学研究设施

1. 要整合东北地区已有的重大科学设施，依据东北地区科技创新需求，构建重大科研基础设施群

东北地区产业结构较为单一，形成了能源原材料产业独大的情况。随着经济的快速发展，企业内部体制僵化、缺乏创新等弊端逐渐显露出来，且重工业发展所需要的可用资源越来越少，使得东北老工业基地产业落后于其他地区，科技创新人才和优秀管理人才流失严重，严重阻碍着东北地区市场经济的高速发展。要推动实体经济与科技创新的高度融合，不断推动实体经济运营体制机制取得突破和创新，鼓励实体经济推出新的科技成果。争取中央的大力支持，充分利用东北地区装备制造业的良好底蕴，扩大东北地区重大科学装置的布局，加大重大科学研发装置的引进和制造基地的建设，增加智能机器人研发科研场所，提高对高精尖设备的投入，创建符合东北科技创新需求和经济发展需求的重大科技基础设施群，整合全国乃至全世界的高端科技创新资源，构建科技研发和产业应用链条，促进更多的科技创造成果和专利问世，提高东北地区科技核心竞争力，为振兴东北经济创新发展打下坚实基础。东北地区的各级政府应给予政策支持，利用各项优惠政策吸引各行各业的优秀人才，增加自然科学资金投入，整合分配区域内科学装置及资源，增强区域内各类大学和优秀科研机构的科

技研发实力与创新能力，充实东北地区科技的实力。

以沈阳市为例，近年来，加快重大创新平台的集聚，沈阳市科技创新平台达到 1105 个，"以研发为产业，以成果为产品"的新型研发机构从无到有，2019 年达到 21 家。市政府投入 30 多亿元，为提升科学研究、产业创新、成果转化水平提供了坚实支撑。实施国家自创区三年行动计划，高新区连续实现晋位升级。不断推进中科院机器人与智能制造创新研究院、中航发沈阳燃气轮机公司、国家眼基因库等重大创新平台的人才建设。

2.提高科学设施的使用率

东北地区重大科技基础设施利用率较低，且缺乏先进的科技创新平台，导致近些年东北地区科技人才外流、经济发展较为迟缓的情况发生。因此，要充分提高科技实验设备、技术研发设备、大型科学装置产业设备等重大创新基础设施的使用率，使大型科学设施在不同地域、不同科研工作者中共用共享，使科技资源加快转化为高度的竞争优势。要推进大型高精尖科学设备、科技研发实验室设施建设，完善科技创新平台，成立高端科技创新实验室，创建国家科学研发中心。逐步形成先进装备材料、机器人智能制造产业、生命科学领域等产业链，充分发挥以东北地区中心城市的经济龙头作用，依托丰富的科学和教育资源、雄厚的产业基础、良好的地理优势，支撑东北地区科技创新发展，为经济建设增添动力。利用重大科学装置，积极吸引各地优秀的科技创新人才，为来自不同地域的科研工作者提供科研交流与合作的机会，促进流失科技人才回归。推动东北地区具有一定科技创新能力的城市建设国家科学技术研发领域基地，构建开放性、共享性的新兴产业创新人才集聚区和改革创新示范区，充分发掘各类科技仪器的使用效率，加大科技创新资源平台的开放与共享，增强东北地区与各地的科技创新交流合作，推进产、学、研深度融合，进一步提升创新整体能力。

以沈阳市为例，将设备共享作为科技创新协同发展的重要切口，以此内生培育、招商引资、组织产业活动，畅通创新链、产业链和供应链，壮大主导产业规模。通过推动大型科学仪器设备的共用共享，加快细分领域技术创新和产业创新的装备专业化，推进产业的前沿性发展，提升与产业链配套的产品、材料、制造工艺等的引进和生产，提升科技创新装备的配套率。

3. 依托重大科学设施与东北地区的实际情况，制订东北地区引智计划

科技人才是东北地区推动科技创新的战略性资源，对东北地区实现科技振兴、促进科技创新一体化发展至关重要。为确保科技创新人才引得来、留得住、用得好，政府应加强对引智计划的扶持力度，结合东北地区的特点和发展现状，制订中长期的科学基础研究项目与资助计划，加快体制创新改革，在加大创业扶持力度、优化科技创新环境、完善人才服务保障、增加资金投入等方面做出规划，为科研工作者在东北筑巢提供优厚的条件，吸引世界各地优秀科技创新人才，扭转东北地区人才流出的现象。在招才引智的过程中，需要明确需求导向，着眼于经济发展方式转变和产业结构优化升级。充分利用东北地区装备制造业的自身优势，积极搭建科技创新平台，加大科研基础设施建设，创新重大科学装置研发基地，完善智能机器人研发场所建设，吸引世界一流科研机构和实验室汇聚东北地区。要充分提高对海外专业科技人才的吸引力度，不断壮大东北地区科研人才队伍。从俄罗斯、日本、韩国等周边国家引入科技专家，重点引进科学技术研发和新兴产业领域人才，进行重大科学难题和前沿科技瓶颈的突破，整体提升东北地区的科学研究水平，强化原始创新能力，为加快东北地区的科技

创新组建高水平科技人才团队。定期举办国际科技交流论坛，聚集国际高端科技企业及科研人才，开展国际科技交流，学习国内外科技产业结构调整的成功经验。

以沈阳市为例，沈阳市引进德国新能源汽车与无人驾驶研究院、韩国安全网络芯片研发实验基地等国际研发机构、中外合作研发机构达到58家。中德创新委员会、中俄院士创新中心相继落户，开辟外国人来华工作许可高端专家绿色通道，引进海外高端人才。

（二）共建产业技术创新平台

1.积极整合东北地区各类先进的科技资源

依托东北地区各大城市的骨干企业，促进产、学、研深度融合，军民深度融合，推动重点科研实验室建设，促进实验室高科技产品研发，这对吸引国内外高端科研人才来到东北地区学术交流、科技研发、科研合作具有重大作用，对跨地区联合培养科研人才、建设高新技术产业带、促进东北地区科技创新发展创造了新的奇迹。东北地区各级政府要在政策上给予大力支持，改善科技研发管理体制，加大重大科技基础设施建设力度，整合东北地区现有的科学研究设备及装置，优化区域内重大科学装置的配置和布局，积极构建重大科学设施产业链，打造符合东北地区科技创新需求的科研基础设施群。建设并引进先进的高新技术产业的基础设施，提高高新技术基础设施在东北地区的使用率，实现科学仪器设备共用共享，提高仪器的应用程度和服务水平，有效激发出资源的最大效能，最大程度地降低科技研发与创业的成本，从而推动东北地区科技研发的整体发展。通过研究国内外近期科技研发的热点内容及研究趋势，利用本地自然优势，紧随科研市场需求和东北地区经济发展需要，选择适合东北地区近期发展的科研项目或高新技术产业，与国内外先进的科研企业进行科技创新合作，以完备的制度体系突破科研合作现有的各项障碍，树立东北地区高新技术产业集群和科技创新产业发展战略共同体典范。建立健全高新技术产业化投融资体系，大力推进技术产权市场的发展与完善，为科技创新型企业提升发展潜力、创造更多创新成果提供充足的资金和良好的发展环境，推进更多的科技成果实现成功转化。鼓励东北地区围绕光电连接技术、电子信息、机器人及智能装备、生物医药等产业成立重点实验室或产业研究院。重点实验室及组建单位将针对东北地区科研发展形势及经济发展需求，大力聚集并积极培育优秀科研人才，着力构建高水平基础科学研究重要基地，引领带动全行业迈向技术发展的新台阶。

2.稳定企业在市场、需求、投资和管理中的主体地位，倡导企业与高等院校紧密相连、相互协作，共同建立新型校企科技研发平台

鼓励具有科技创新能力的企业，结合自身发展实际，搜集并整合东北地区的高等院校资料，综合考量对口高等院校的科技创新资源及综合研发实力，寻找与自身有共同研发需求的科研合作伙伴，与有意向合作的高等院校针对联合创建新型科技研发平台的各项具体事宜进行友好协商，达成合作共识，满足高等院校与企业共同的发展需求，使校企之间实现互惠互利、合作共赢，促进东北地区科技研发能力的提升。在推动新型校企科技研发平台建设的过程中，新型校企科技研发平台围绕企业技术发展需要，携手高等院校共同开展科学技术攻关，弥补高等院校和企业在科技研发过程中各自存在的薄弱环节，使高等院校在自主科技研发与企业目标导向研究方面实现充分结合，推动全链条、全方位技术创新。新型校企科技研发平台可建在高等院校内或学校附近，为教师进入企业参与科技创新提供便

利条件。按照新型科技研发中心实际发展需求,制定完备、严谨的规章制度,为研发中心后期发展奠定良好的制度基础;校企双方可依据各自需求进行深入探讨,通过协商确定科技创新所需的科研人才队伍、科学仪器设施、研发课题项目以及所需科研经费预算等,并在所属省份科技厅进行备案。提升高校对市场科技供给,满足企业的科技创新需求,有利于加速科技成果转化和促进科技创新。对顺利实现转化的重大科技成果,根据项目进展、产业规模、纳税情况和绩效等,政府要给予一定比例的后补助、贷款贴息和奖励,有利于充分发挥企业和高校的科研优势,加速实现科技成果转化,对促进东北地区企业的科技研发、提升高校的教育能力并且加速校企科技研发平台的建设具有极大的正面激励作用。

3. 促进东北地区科技研发服务平台,实现深度开放共享

通过争取各级政府的支持,收集科技创新资金,打造机器人研发中心、生命科学实验中心、重大战略装备中心等大型公共实验平台,配备专业、先进的科研设备,充分发挥科技研发服务平台的综合调配作用,依据科技研发服务平台的实际情况,支持大型科研仪器设备资源全天候开放共享,科研实验中心统筹实施并考核开放共享工作。不同企业、不同地区的科研人员都可以共享科研设备,每个科研人员都享有平等的使用权,除专家教授或科研组成员外,无论本科生还是硕博研究生,只要做课题用到的仪器,获得授权资格后都可以使用仪器。采用授权、预约、刷卡的管理模式,在开放的仪器旁放置刷卡设备,主要用于控制仪器的电源、显示器等,通过审批的人员可采用刷卡方式使用仪器,免去旁边看管的管理人员,节约人力,在开放共享中增进科研交流,切实提高科研工作效率,降低科研成本。参照其他地区的科研实验中心,完善运行和管理制度,更新开放共享机制,

确保科技研发服务平台的稳定运行。完善科研仪器使用收费管理标准，用于仪器后续的维修、管理及补充常用耗材。面向科研人员及校内学生，免费开放科研设施培训，定期免费培训科研仪器的使用方法和注意事项。培训前在网上发布相关通知公告，并在平台的网站上提供仪器操作的 PPT 课件，提升东北地区的开放和创新力度，增强与全国各地的科技交流与合作，并积极融入全球创新体系；持续改善企业组织管理方式，实行分类管理。科技行政部门要与相关管理部门做好对东北地区科技高新区的布局规划、发展模式等相关工作，确保各项措施落到实处，进而推进东北地区科技创新发展。

（三）共建科技公共服务平台

1. 提高科技创新服务机构的建设力度，增强东北地区科技服务的质量

科技创新公共服务平台可以有效地整合各类科技创新资源，促进资源共享并提供智能服务，通过政府发挥在公共科技资源供给的主导作用，构建全面、系统的科技创新公共服务体系。要组建高效、有序的科技创新创业服务保障体系。通过优化各类科技创新资源，有效降低科技创新型企业、高校、先进科研机构等各类科技创新主体的创新创业成本，优化科技工作者的工作环境和企业发展环境，能够为科技创新型企业、高校、科研机构及优秀科研工作者等各类科技创新主体提供优质、高效的服务，从而促进东北地区经济转型与升级，助力东北地区经济振兴，推动东北地区科技创新发展。要促进服务方案系统化，为政府管理决策提供支持，满足科技创新型企业、高校和科研机构等各类科技创新主体的不同需求，要增强服务的主动性，提高创新公共服务平台对科技创新服务需求的反应速度和服务效率，使创新公共服务平台更准确、高效地满足各创新主体的需求。并且

要不断提高服务意识，深入挖掘用户的各项潜在需求，为其提供更好的服务。东北地区要经常性地举办国际科技创新协作论坛、国际科技创新成果交流会及交易会等多元化的科技创新服务活动。东北地区科技创新型企业、高校、科研机构为优秀科研工作者创设更多的交流合作机会，让更多科技创新主体了解并利用科技创新公共服务平台，从中受惠，进而有效推动东北地区区域科技创新一体化的发展进程。

2. 拓宽服务的广度，狠抓服务的深度

建立科技公共服务平台体制机制，切实增强科技创新服务平台的服务水准和质量。其一，改进保障措施。增强相应的政策支持，合理规划东北地区科技公共服务平台的布局，加强平台覆盖率。其二，完善服务系统。改变服务职能单一化的不良趋势，落实具体责任、分清服务范围、制定详细服务计划，完善科技创新服务平台的政策咨询、信息发布、产权技术交易等服务职能，制定统一的规划，不断完善服务细则，根据服务细则，并结合服务对象的实际需求，深度挖掘科技公共服务平台的服务潜力，充分发挥好平台的服务职能，采取及时、有效的服务，综合提升科技公共服务平台的服务水准。增加公共服务平台信息共享与资源市场化交易之间的联系，充分展现资源存量和资源意向，畅通科技创新资源的渠道，实现市场化的精准对接。科技公共服务平台要时刻高度关注科技创新型企业发展状况，对影响科技市场的各种因素做到科学预判，并根据事态的动向提前制定应急预案，建立绿色通道，能更快、更精准地应对科技创新型企业的薄弱环节，帮助企业提高自身的科技创新效能。增强智能化服务，发挥互联网、大数据等信息化优势条件，充分展示融媒体时代背景下网络化科技公共服务平台的特点，将其与科技公共服务平台建设相结合，以线上与线下结合的服务方式，促进政策咨询、科研活动、科技资讯等信息的共享，提高科技公共服务平台发布科研信息的及时性、准确性、科学性与权威性，增强服务平台建设的智能化水平。要完善科技公共服务网站，时刻更新并汇总中央和地方政府部门有关于科技创新的各项政策或制度，加大对国内外先进科研机构信息搜集与整合，将各类信息由专人汇总并分类，整合进入不同的板块专栏，及时上传更新，精准对接科研工作者的需求，切实让广大科技工作者第一时间了解掌握各地关于科技研发的信息。同时，科技公共服务网站也要重视加强对中央政府和东北地区各级政府各项政策的宣传，积极传递和弘扬社会主义核心价值观，努力将这一网络阵地建设成为展现东北地区特色文化、展示科创产业等内容的窗口，唱响网络主旋律，传递时代正能量，积极发挥科技公共服务平台的示范引领作用，增强科研工作者科技创新的荣誉感和责任心。

3. 加强科技服务团队建设

专业的科技服务人员是科技公共服务平台不可或缺的资源，是平台最重要的组成部分。专业科技服务人员的品质决定了科技公共服务平台的服务品质。要建设精通专业理论知识、具有丰富实践经验、具备较强科技服务意识的科技服务队伍，为科技创新型企业、科研机构及高等院校等科技创新主体提供优质有效的服务，如开展信息收集、法律咨询与线上交流等工作，为东北地区的科技创新事业的快速发展增添动力。加强科技公共服务平台人才队伍的建设，要以社会科技创新需求为导向，建立健全科技服务人才保障机制，完善用人机制，加强对服务团队的激励作用，实行更科学、更积极、更开放的政策，为服务团队成员提供优越的工作条件、和谐的工作氛围、良好的服务平台发展环境，形成科学完备、具有吸引力和竞争力的服务队伍管理体系，充分激活服务团队的创造活力，吸引和培养行业精英和高素质人才参与到科技服务团队。

通过线上授课与线下教育相结合的方法，定期对服务团队进行业务辅导和培训，提高团队整体的综合素质。加强业务培训，依据科技服务人员各自的服务领域，增强其专业基础知识，提升计算机应用、网络平台的建设与维护等相关技能，学习知识产权的享有与转化、科技创新研发与产业对接、科研市场营销研究以及科研方面的法律法规等内容，了解国内外有关科技研发及科技服务等相关的动态与发展趋势；培养其勇于创新、善于捕捉信息的能力，让科技服务人员在解决问题的实践中敢于解放思想、突破陈规，培养锐意创新的风格和良好品质，科技服务人员要掌握系统的科学研究方法与服务理念，要善于组织材料、运用材料，提升科技服务人才的文字撰写能力。通过这一系列的培训，让科技服务人才的创新活力得以充分发挥，提高科技服务人员的整体素质，提升科技公共服务平台的服务水平。根据产业需求，培育、招聘和吸引科技公共服务平台发展所急需和紧缺的国内外高端专业科研服务人才，优化组合人才资源，以填补平台发展需要的紧缺岗位。

积极创建公共服务人才储备库，在平台网站公布人员招聘的需求和条件，围绕科技服务平台发展所需要的领域，依据"专业匹配、择优选用"的方式精心选拔，为公共服务人才储备库提供人选；将人选按其各自优势领域进行信息分类，方便后续指派具体工作任务；对储备人才进行分类有序的培养，加强其基础业务知识及公共服务能力，从而使其提供更规范、更开放、更有效的服务。

以沈阳市为例，随着成果转化服务体系的不断完善，委托专业化机构运营，探索构建人才技术经纪人培养体系，累计培育技术经纪人 450 名。

近年来，沈阳市加强顶层设计、探索学历教育、完善职业培训，努力培养专业化、高素质、复合型技术转移人才，不断引进成体系的技术转移课程和培训方案，探索成立"联合培训中心"，努力形成覆盖全沈阳市乃至全省的技术转移人才网络，努力打造出技术转移人才培养的"沈阳品牌"。沈阳市也在探索开办技术经纪人培训班，涵盖技术成果转化和交易的多个环节，提升技术成果转化相关负责人的市场能力、职业能力、项目管理能力以及实操技能等专业能力。同时，沈阳市还在探索组织技术经纪人行动实习，通过"走进科研院所""走进龙头企业""成果发布会"等方式，为技术经纪人提供了掌握实操技能的机会。

（四）共建创新投资基金平台

1. 大力推进股权基金管理中心等载体建设，增加科技创新资本储备

股权基金管理中心充分考虑国家发展趋势，迎合国家和地区的产业政策，将金融、实业与咨询管理相结合，致力于投资教育、农业、医疗、房地产等行业与产业，进而推动东北地区经济发展进步，选取投行、法律、财务等相关领域内的专家组建专业的管理团队。管理团队的每一名成员都要注重股权基金管理经验的丰富与积累，并且鼓励成员充分发挥出各自的专业特长，精准地把握投资方向、筛选适宜的投资标准并制定出完整的投资方案，并在面临重大投资风险时能够稳定收益，保证投资安全，进一步提高投资收益。建立健全业绩报酬的分配制度，使团队成员齐心合力、努力工作。做好前期运作和后期管理，完善主要风险控制制度，要调整好内部治理架构，精细划清各项权益，明确业务授权规则；创设风险控制委员会，制定严谨的投资决策流程，增强投资的科学性与标准性，有效降低或消除

投资风险，做好相应的预案和对策；组建投资顾问团队，为基金的运行和发展方向提供专业意见；提供完整、系统的募集文件，使投资者明确在基金募集过程中可能遇到的风险，从而确保资金安全、维护基金文件平稳运行，为出资人的各项基本权利提供合法保障。鼓励投资股权基金加大对重工业创新和现代化农业发展的资金投入，支持重大装备业、机器人研发产业以及支持涉农贷款、农业保险等方面的发展。实行严格的审核制度，对私募基金进行全方位的考量和评价，全力打造"一站式""一条龙"服务体系，疏通绿色通道，协助办理注册、登记、审批等事项，实现产能共享、供应互通，激发东北地区产业创新活力，促进社会经济实现高质量发展。加快建设股权基金管理中心等载体，密切关注投资产业发展需求，契合东北地区产业布局和方向、经济发展特点，推进股权基金为实体经济提供重要资金支持，以新兴产业引导基金，用基金助力东北地区经济的高速发展。

2. 构建创投基金转让平台

构建专门服务于创投行业的一站式服务平台。创投转让平台要疏通项目资本良性循环渠道，改变创投行业传统转让方式，优化投资组合，探索适合市场的多元化的创业投资基金的退出方式，使创投基金的退出渠道多元化，促进投资资金的再循环，为创业投资者退出寻找门路，帮助投资者灵活分配资金，提高风险管理能力，进而促进创投行业的可持续发展。要充分利用现代金融手段和工具，促进金融市场投创多样化，促进东北地区实现经济转型的进一步升级。要建立健全私募股权投资基金的相关法律法规，对不同问题要做出明确规定；同时，减少行业内的恶性竞争，从而为私募股权投资基金的退出创造适宜的空间，进一步促进私募股权投资基金发展，为东北地区经济高质量发展起到关键作用。完善创投基金转让平台的管理机制，建立健全科学、完备的挂牌系统，能使主理经纪商、企业、投资方等市场参与主体在遵守交易规则的前提下进行基金转让交易活动，从而激发创投基金行业和创业企业的活力，进而促进东北地区创投生态体系的完善。

3. 不断创新投融资模式

东北地区经济发展较为滞后，要改变这种情况必须切实加快思想转变，借鉴发达地区的经济发展方式，探索适合本区域产业特点的投融资模式。政府平台公司需要不断创新融资思路，依托地方政府信用，推进企业融资和项目融资高效协调运作，增强政府平台公司的投资责任。将平台公司作为依托，推进投融资模式的市场化、社会化、专业化、法治化建设，并且能够为城市各项基础设施的建设筹集大量资金，切实促进东北地区城市基础设施建设和产业经济发展。坚持职业经理人运作的方式，并对其组织专项培训，帮助其进一步提高专业能力、资本管理和运作能力，促进企业提升投融资管理工作水平，为推进东北地区企业改革提供强有力的人才保障。东北地区各级地方政府要加强宏观调控，加快转变职能，进一步简政放权，简化投资机构审批手续，实行放管结合的工作方式，不断推进服务改革。政府要充分发挥投资的引导作用，制定对投资者宽松的优惠政策，改善创投环境。健全新型投融资体制，深化政府和社会资本的合作模式，持续推进融资渠道畅通。完善投资管理工作，更新投融资服务形式，优化服务过程，提高综合服务能力，为企业的投资活动做好服务。

四、以创新至上观念为引领，实现创新文化彼此相通

坚持和践行创新理念，首先要提高对创新理念特殊重要性的思想认识，

要深刻把握创新理念的特殊意义和重要性，以创新理念引领发展。

（一）深化创新文化培育

1. 强化政府的创新自觉

政府是创新文化培育的主导力量，要深入强化政府创新文化培育的主体意识、责任意识、自觉意识，不断加强东北地区各级政府创新文化培育力度。政府加强统筹规划，充分整合资源，健全培育体系，不断优化服务。要运用"看得见的手"，有效发挥政府在创新文化培育中的积极作用，做好创新文化培育的主导工作，合理整合政府与其他创新主体之间的相互作用力，更好地为各创新主体松绑减负、清障搭台，进而在社会主义市场经济环境中创造出符合东北地区发展实际的开拓创新型文化。政府要进一步深化体制机制改革，出台一系列鼓励创新的政策文件，为培养创新人才、激发创新潜力提供完善的制度保证。政府要做好调控、引导、协调、扶持，彰显倡导者、规划者、组织者、服务者的身份，承担好创新文化服务和保障的职责，科学制定创新文化发展战略，制定优惠政策、保障创新环境，大力支持文化创新，充分收集创新所需项目、人才及资金等信息，有效整合各方资源，引进和培养知识化、专业化的优秀创新人才群体。鼓励创新思想和行为，充分调动社会各界的积极性，激发全社会的创新意识。要坚持以创新为导向，加强对创新工作的领导、协调和研究，建立健全竞争机制、开放机制，统筹规划专项资金，提高创新项目的奖励激励力度，对重点创新项目给予政策支持和资金扶持，使得创新人才的作用得以充分发挥。加大对创新文化的发掘力度，加大对创新企业、文化创新作品等的推广力度，推出具有东北特色的创新品牌推广计划。深化创新文化培育，政府要形成明确的创新导向，构建社会宽容的创新氛围，形成以敢于突破、崇尚创新为主要特征的良好创新文化局面，从而塑造良好的地区形象，促进东北地区的发展。

以沈阳市为例，政府加强协同组织，实行科技、发改、工信、大数据等部门联动，市、区两级政府互动，高校、院所、企业协同，实行工作调度制度，总结分析工作经验，协调推进解决实施问题。开展创新活动，培育平台增量，围绕产业链创新能力的短板和空白点，大力布局和支持省、市级各类科技创新平台建设，积极推动现有平台晋位升级。

2. 激发科研人才的创新智慧

要坚持完善并创新科研人才培养的体制机制，围绕国家发展战略，结合东北地区实际发展状况，不断改善科研人才治理方式、优化工作流程，制定出促进各类型、各层次创新型科研人才发展的政策，为科研人才提供便捷的政务环境，调动一切有利于创新型科研人才发展的因素，使科研人才的创新智慧得以激发。要不断壮大创新型科研人才的发展队伍，既要加强对本土人才和基础型人才的培养，又要重视引进外地高端人才。在人才引进方面，要不断完善人才引进政策，结合当地实际发展需要和产业布局方向，拓宽选才、用才视野，不以职称、学历为唯一标准，要根据具体情况适当放开对学历、头衔、年龄、学术成果等方面的限制和门槛，重视人才的创新能力、贡献和价值，善于发掘具有真才实干的创新型科研人才，使人才的创新活力得以充分激发。同时，也要注重后续的跟踪培养和人才运用，要尊重人才成长和发展规律，善于挖掘人才优势，大力提高各类人才和岗位的匹配度和精确度，确保人才拥有充分展现才能的空间。要针对培养和引进的创新型科研人才，要根据其各自的特点，把他们放在合适的岗位，让他们在最适合自己的工作岗位上充分展示自身才能。"了解人才的需求，加强与人才的沟通交流工作十分重要，如果只大力引进人才，忽视后期人才交流培养，则是虎头蛇尾，不能真正通过人才促进社会发展，无法发挥人才自身的作用。因此，在引进科研人才后，平台需要完善交流服务功能，对科研人才的意愿进行深度了解，进而根据其内心意愿制定后续服务和保障工作"[①]，从而使各类人才各尽其能、各尽其用，进一步增强科研人才的创新能力，从而创造出更大的价值；加大对创新型科研人才的激励力度，切实满足人才如职称评定、薪资待遇等方面的不同需求，有效增强人才的工作动力，为人才能够持续探究和创新提供支持。要大力宣传优秀创新型科研人才典型，增强其示范引领作用，激发全社会的创新意识、创新思维和创新能力，鼓励更多的人通过自己的劳动创造出更多成果，为东北地区的发展进步做出创新贡献。要给予创新创业人才高度的爱护与帮助，强化人文关怀，真诚尊重人才、关心人才、善待人才、成就人才，为各类人才营造舒适的工作和生活环境，使人才在不同岗位能够积极发挥自身作用、释放创新活力、充分实现自我价值。

以沈阳市为例，在各类科技创新平台的支持基础上，强化绩效评价，坚持绩效和结果导向，科学设置评价指标体系。通过大数据网络监测系统，按季度对已建各类科技创新平台按照平台建设持续投入、高水平成果产出、本地的技术交易和开展科技创新服务活动等情况进行综合绩效评价，按照排名次序分别给予50—100万元奖励性补助。

3.凝聚社会的创新认同

要努力构建有利于创新的社会氛围，积极维护全社会崇尚创新、鼓励

---

①杨婧,张舒逸,宋微,等.吉林省科技创新人才服务平台建设思考[J].合作经济与科技,2022（03）：118-119.

创新的社会环境，凝聚起全社会关于创新的共识，使一切有利于社会发展进步的创造意愿得到充分肯定、创造才能得到充分发挥、创造活动得到充分支持、创造成果得到充分奖励，促进创新成为全社会的共同行动，维护实现科技创新一体化的和谐氛围。在全社会积极提倡敢于突破、敢为人先、勇于攀登的创新精神，培育全社会的创新意识，不断增强全社会创新的素质和能力，为建设创新型地区构筑坚实的群众基础。大力发展社会主义先进文化，推动社会主义现代化建设，坚决抵制和反对西方文化霸权主义的冲击，持续提升社会主义先进文化对抗风险的能力。要最大限度地激发全社会的创新热情，使一切有利于维护民族团结、推动社会进步和促进人民健康的创造得到有效发挥，为全社会营造有利于充分激发创新活力的氛围，促进一切创新文化成果得以充分吸收和利用。要持续推进科学普及，积极宣传新时代科学精神，大力传播科学思想，使科学精神融入校园、走进课堂并深深种进学生的心里。积极鼓励学生参与各种形式的创新实践，推动新时代科学精神与科技创新实践相结合，进而促进社会保持奋发向上、积极创造的精神状态，使社会各界的创新潜能得以充分激发。呼吁全社会共同尊重、珍惜、保护凝聚着创新工作者智慧和心血的创新成果，为推动东北地区经济的高质量发展提供有力支撑。

以沈阳市为例，沈阳市委全会、市委常委会、市政府常务会多次专题研究全创改、自创区等工作，部署重大决策、出台政策举措，市人大、市政协专题审议协商创新主体培育、科技成果转化等工作，科技创新成为产业转型、民生改善、区域合作、对外开放、项目建设等发展部署的重要构成，成为政策制定、机制设计、制度安排、资源配置的重要考量。开展科技创新平台巡礼式宣传，利用各类传播媒介，对具有战略影响力的重点科技创新平台、重大科学装置、基础设施开展深度报道、展示推广；对各级各类科技创新平台关于助力沈阳产业高质量发展的重点技术攻关、科技成果转化、创新创业活动典型开展系列报道宣传，形成崇尚创新、尊重创造的浓厚氛围，叫响"创新沈阳"品牌。围绕国家新一代人工智能创新试验区建设、科技创新平台企业行、医工结合成果专题展、科技创新平台进乡村等主题，组织开展科技创新平台年主题活动4项，引导各级各类平台自主开展专业特色活动188项，集聚优质创新资源，夯实活动内容、时间节点、预期效果，活跃平台氛围。支持创新主体举办国际国内重大创新活动和高水平学术会议。组织"创新挑战赛""创新创业大赛"等国家级成果对接赛事；举办VR大赛、VR产业峰会、VR博览会、VR电竞、技术沙龙及论坛等活动，营造三好街VR产业氛围。

（二）推进知识产权联合保护

1.建立知识产权纠纷多元调解机制

要着力构建严密、快速、协同、优质的知识产权多元纠纷调解机制，鼓励多主体紧密联系、共同参与。在法律允许的前提下，采取各种措施，及时、有效地预防和处理知识产权纠纷，助力东北地区创新环境、营商环境的优化，进而推动东北地区经济社会实现高质量发展。在知识产权纠纷调解过程中，应充分发挥调解机制在知识产权纠纷化解过程中的重要作用，创建具有专业性的产权纠纷调解组织，由司法行政部门、知识产权行政部门、仲裁机构、人民法院等带头，加强各部门之间有机互补、信息互通、相互衔接，使各部门之间对知识产权联合保护力度得到提升，满足知识产权权利人在面对产权纠纷时，所需要的科学性的解决方式、专业化的调解技能和多样化的解决途径，使市场主体具有更多的知识产权维权选择。要充分发挥行政执法的作用，加快纠纷调解处理，争取以最快的速度使各项纠纷得以解决。根据不同专利类型，要协调各方，以不同方式避免或解决产权纠纷，积极维护权利人的合法权益。对于法律保护周期、产品市场周期较短的外观设计专利或实用新型专利，要以现有措施为基础，以更快的速度解决此类纠纷，组建知识产权纠纷调解指导委员会，负责研究知识产权纠纷调解的具体制度和实施方案，并组织和协调相关调解工作，推动知识产权纠纷调解的顺利进行。整合社会优秀资源，组建具备知识产权纠纷调解专业知识和实践经验的专业人才库，完善产权纠纷调解专家、技术调查官等专业人才的共享机制；成立知识产权纠纷调解室、咨询室，与行政调解的各项资源紧密结合、促进联动，提升产权纠纷调解的效率和质量。定期举办与知识产权保护相关的法律讲座或研讨会，聘请专家或专业技术人员，提供免费的产权知识咨询和法律问答，推进交流互动，实现专家和技术人员等人才资源的共享。依托互联网、大数据和人工智能等先进技术开展产权纠纷调解工作，打造运行效率高、服务质量佳、监督管控严的产权纠纷调解网络平台，推行线上线下相结合的灵活服务方式，以满足人民群众不断增长的维权需求。

2. 加强知识产权行政执法协作

积极完善知识产权执法联席会议机制，促进交流执法方式、借鉴实施经验、开展执法培训，促进案件移交工作的顺利开展，增强互信，促进合作，实现跨部门的知识产权执法协作。要加强东北地区知识产权主管部门与海关等部门之间的有机联系，深化海关知识产权保护与地方知识产权保护的合作，为营造良好的知识创新环境、维护健康的科技研发氛围并进一步促进东北地区经济高质量发展贡献积极力量。强化知识产权行政执法手段，要积极对其进行调查取证，利用行政查处手段对其进行严厉打击，维护公平有序的知识创新环境。健全知识产权行政执法机构，推进专利执法机构设置的完善。东北地区要鼓励各省市的知识产权局设立专门的执法处，确保执法部门、岗位与人员的健全，使执法队伍保持稳定，避免在机构调整、制度变革、人员调动等因素产生时使执法工作遭受不利影响。增进知识产权行政执法的资金投入，为专利执法设置充足的专项经费，利用专项经费，知识产权局要增添必要的执法设备，配备行政执法专用车，以满足执法工作的需要，推动执法工作的顺利开展。必须解决知识产权行政执法缺乏法律保障的问题，大力推进相关法律法规的完善，推进知识产权行政执法制度体系的系统化、科学化发展，为东北地区知识产权行政执法提供完备的制度保障。认真贯彻落实对知识产权保护工作的各项具体部署，不断提升知识产权保护效能；各知识产权管理部门应该对执法工作的实施情况和取得成效及时做出汇报，依据实际情况，不断调整工作方式，对需要政府参与协调的与知识产权保护相关的重要事项，要及时做出请示报告；各知识产权管理部门要根据指示、按照职责明确分工，有条理、有重点地开展联合执法检查工作，共同促进知识产权执法工作的顺利落实，切实形成执法工作的合力；大力培养并引进知识产权行政执法人才，充分发挥人才在制度创建、执法操作、团队合作等方面的才能，增强知识产权保护力度。

3. 加强知识产权司法保护协同

要积极打造并维护知识产权保护的工作格局，促进东北地区形成知识产权全链条保护，与当前东北地区各省市的协同保护有机联系，构建省、市、县相贯通的知识产权协同保护体系，有利于营造创新、创业、创造的良好环境，为东北地区的科技创新发展创造有利的条件并提供强有力的司法服务保障。建立全链条保护体系，依托知识产权保护中心，在各市设立知识产权法庭审判点。审判点坚持司法和行政相结合，建立更严密、更方便、更快捷、更高效的全链条保护体系，持续严厉打击知识产权侵权行为，充分满足各创新主体对知识产权保护的要求，维护良好知识创新环境。要由法院统筹指导，充分整合并协调各方资源，积极探索多方协作机制，增强知识产权审判的质量和效率，为构建知识产权保护格局提供实践探索和制度基础。不断开拓司法数据分析、司法信息反馈与应用的渠道，提升东北地区法院信息化发展成果的利用率，推动东北地区知识产权司法大数据实现共享互通，推进知识产权司法保护信息常态化互通共享，增强知识产权违法案件信息与司法保护工作调研成果等内容的合作交流。随着知识产权纠纷案件数量的提升，要充分扩大技术调查人员的数量，提高技术调查人员的素质，培养和引进知识产权司法保护相关的专业人才，形成调查、咨询、鉴定等人才的协同联动和共享，提高技术事实查明的真实性、客观性、科学性。同时，注重提升专业人才的专业素养和服务意识，以完备的激励制度促进其增强工作能动性和主动性，进而推动知识产权保护工作再上新台阶。以报纸、电视、文艺演出等形式加强对知识产权司法保护的宣传，及时通报知识产权相关重大刑事案件，进一步提升知识产权司法保护工作的实效性。

（三）创建良好的创新环境

1. 抓宣传，重奖扶

从公司治理、生产组织、营销管理、技术创新等几个方面对科技创新型企业进行考核，对投身于科技创新、积极参与招商引资、具有突出创新成果的优秀科技创新企业，给予适当的资金扶持，积极开展优秀企业的创新成果展示活动，大力宣传科技创新企业的优秀创新成果，增强其在社会中产生的积极影响，增强东北地区科技创新发展的影响力；同时，推动各企业密切配合、协同发展，构建创新生态圈，既巩固各自发展优势，又补齐各自的短板弱项。积极开展优秀创新创业者宣传表彰大会，充分表达尊重创新、尊重人才的鲜明态度，评选出具有突出贡献、获得优秀成果、彰显创新精神的先进人物典型，更好地展示优秀科技工作者或企业家在创新创业方面做出的积极贡献，并给予充分的肯定和奖励。企业家要充分发挥在科技成果转化中的重要推动作用，使企业加快科学技术创新和科技成果转化。鼓励创新创业者更新科学技术知识，不断优化知识结构、提升科学素养，从而提高自身的创新能力。构建并维护积极创新、勇于创新的良好社会环境，大力弘扬敢于探险求变、勇于突破陈规、直面困难失败的创新精神，有效焕发社会参与创新的动力与活力，吸引更多的企业和创新创业者积极投身于科技创新，充分激发广大人民群众积极创新的热情和激情，把创新精神融入全社会的血液当中。

2. 抓创新，树品牌

要充分结合东北地区自身区位优势和资源条件，大力发展具有创新性的特色产业。

首先，加强政策扶持，改善服务体系。注重扶持创新型企业发展，加大对企业基础设施设备、流动资金贷款贴息等优惠政策的力度，切实解决企业在科技创新中可能面临的问题，推动企业加快科技创新步伐。

其次，加强科技支撑，坚持创新引领，充分焕发企业创新活力。提高企业的核心技术攻关能力，大力促进科技龙头企业发展，并带动一系列高新技术企业和中小科技企业发展，形成创新产业集群。加强企业科技研发创新，持续开展重点环节攻关。积极引导企业进行开放式创新，汇聚各地优势科研力量，壮大具有一定创新能力、可实现科技成果转化的创新型企业。

最后，推动企业升级，聚力打造特色品牌。依据企业发展方向和发展规划，强化资源配置和要素保障，有利于企业吸引各类人才，促进企业发展；构建先进的企业发展模式，打造具有高度影响力和号召力的企业品牌，树立品牌强、效益佳的品牌形象，引导企业将技术创新与品牌引领相结合。大力提高招商引资质量和效果，促进以商招商、品牌招商，完善招商引资的政策机制，营造充满活力的亲商、护商、尊商的发展软环境，构建投资最佳洼地。在品牌培育、市场开拓的过程中，要立足全国乃至世界开展品牌推介，积极开拓粤港澳及海外市场，政企联手创市场、育品牌。稳固企业在商圈中的核心位置，充分发挥其核心力量，积极增强创新型企业的号召力和招商吸引力，不断扩大招商范围和数量，实现逐层吸引、逐级扩展的招商效果。

以沈阳市为例，在沈阳市第 14 次党代会"完善城市创新体系和完善协同创新机制建设创新沈阳"的要求下，2016—2019 年，全市享受研发费加计扣除政策企业累计 5261 户 / 次，研发费加计扣除额累计 171.5 亿元，年均增速 43.8%，由 2015 年 15.3 亿元增至 2019 年 65.5 亿元，增长 3.3 倍；享受高新技术企业所得税减免累计 73.7 亿元，年均增速 19.8%，由 2015 年 10.2 亿元增至 2019 年 21 亿元，增长 1.1 倍；2017—2019 年，全市规上企业 R&D 经费支出累计 231.88 亿元，年均增速 9.7%。

3. 抓党建，促提升

提高党支部的领导力、组织力和协调力，持续增强党组织在非公企业的覆盖度，促进党建工作制度与企业科技创新管理制度有机融合，提升人文招商吸引力。

首先，要精准施策，提升服务效能，为促进企业发展、推动东北地区科技创新实现高质量发展提供有力的支撑；促进各个企业技术创新，找准发力点，大力推广应用各类新技术新产品，实现有序发展；制定并落实促进高新技术企业实现创新发展的若干政策和措施，如加大对企业的创新补助、降低贷款门槛、给予贷款利率优惠等方面的优惠措施，让企业享受更多激励政策，从而增强高新技术企业的创新能力，增大群体规模，提升企业规模效益。

其次，增强党的宗旨意识，切实转变管理理念，进一步深化对企业创新工作的组织领导、规划统筹和监督落实，增进服务质量、改善服务方式、提高服务的精准度与时效性，不仅要对企业内的人力、物力、财力等资源进行优化整合，还要加强科技服务，为增强企业的创新能力提供良好保障；以线上线下相结合的方式，落实精准服务，围绕着科技创新型企业的管理目标和发展趋势，在方法以及形式等方面积极创新党员的培养管理工作模式，为企业营造良好的营商环境。

最后，加强激励力度，凝聚创新合力，确保相关科技政策贯彻落实，有效焕发各创新主体的创新创造活力；在科技创新计划的平台建设、项目申报、表彰奖励等方面加强制度扶持，对科技创新具有突出贡献、促进东北地区科技发展和经济发展的企业单位，要加大鼓励和宣传力度，积极鼓励并引导更多具有创新思维和能力的复合型人才投身于创新创业，同时对创新成效突出的先进典型进行表彰嘉奖，切实发挥激励作用，助力东北地区科研实现高质量发展。

以沈阳机床为例，沈阳机床在党委引领下，勇于创新与转型，强力提升企业核心竞争力，沈阳机床党委以科学发展观为统领，解放思想，开拓创新，奋力拼搏，自主创新能力、品牌影响力和市场竞争能力显著提升。沈阳机床集团党委围绕企业发展中心工作，形成了思想政治灵魂引领作用、党建工作具体化抓手作用、先进典型旗帜作用三位一体的党建工作模式，思想政治工作灵魂作用日益增强。在 2007 年以来两次重大机构重组中，沈阳机床集团党委开展了形式多样的形势任务教育，使广大干部党员深刻理解企业改革和转型的重大意义，统一了思想。尤其是在面对世界金融危机关键时期，沈阳机床集团党委通过一系列的宣传教育活动，使广大干部员工经受住了挑战，最终战胜危机。面对历史性发展机遇，沈阳机床集团各级党组织发动党员干部在抢抓市场、经营管理、技术创新上勇当先锋，形成了"凝心聚力、大干快上"的热潮，集团迎来了史无前例的发展高峰，党建工作具体化"抓手"作用日益显现。通过实施质量保证和考核标准体系，使共产党员工程、创先争优活动及效能监察等工作取得明显实效，弘扬劳模精神旗帜作用日益显著。沈阳机床集团党委高度重视先进典型培养和树立工作，形成了浓厚的劳模文化氛围，并内化为企业文化的重要组成部分。

参考文献

[1] 杨承训.立足实践深入理解科技创新驱动经济发展——马克思主义政治经济学视角的研究[J].经济纵横，2019（11）：1-9.

[2] 兰陈妍.马克思、恩格斯科技创新思想重要价值及启示——评《马克思科技创新思想研究》[J].科技进步与对策，2020，37（21）：161.

[3] 张润彤，朱晓敏，耿建东.国家科技创新系统与可持续发展[M].北京：北京交通大学出版社，2014.

[4] 刘凡丰，董金华.协同推进制度创新和科技创新[M].北京：光明日报出版社，2020.

[5] 刘巍.恩格斯科技创新思想研究[J].马克思主义与现实，2012（03）：84-88.

[6] 雷石山.毛泽东科技创新思想及其当代价值[J].科学管理研究，2015，33（04）：14-17.

[7] 崔泽田，李庆杨.马克思科技创新驱动生产力发展思想及其当代价值[J].理论月刊，2015（05）：12-16，32.

[8] 牛利娜. 改革开放以来我国科技创新思想发展的四个里程碑 [J]. 科学管理研究, 2018, 36（06）: 1-4, 9.

[9] 雷石山. 邓小平科技创新思想及其当代意义 [J]. 科学管理研究, 2014, 32（04）: 8-11.

[10] 孔祥文. 江泽民科技创新思想体系的形成及特征 [J]. 东北师范大学学报, 2006（02）: 41-45.

[11] 秦书生. 胡锦涛科学技术思想探析 [J]. 东北大学学报（社会科学版）, 2012, 14（03）: 251-255.

[12] 张云霞. 科技创新与现代化进程 [M]. 北京: 中国社会科学出版社, 2017.

[13] 赵光远. 科技创新引领区域发展 [M]. 北京: 社会科学文献出版社, 2015.

[14] 丁任重, 徐志向. 习近平关于科技创新重要论述的战略内涵与实践指向 [J]. 河北经贸大学学报, 2021, 42（06）: 1-7.

[15] 王聪, 何爱平. 创新驱动发展战略的理论解释: 马克思与熊彼特比较的视角 [J]. 当代经济研究, 2016（07）: 57-65, 97.

[16] 徐承红. 新熊彼特主义区域经济理论研究进展 [J]. 经济学动态, 2012（07）: 143-151.

[17] 朱跃钊, 戴书春, 陈红喜. 协同创新视角下科技型企业技术创新体系的构建研究 [J]. 科技管理研究, 2015, 35（02）: 1-6.

[18] 李应博. 科技创新资源配置: 理论与实践 [M]. 北京: 清华大学出版社, 2021.

[19] 马治国, 翟晓舟, 周方. 科技创新与科技成果转化: 促进科技成

果转化地方性立法研究 [M].北京：知识产权出版社有限责任公司，2019.

[20]骆大进.科技创新中心：内涵、路径与政策 [M].上海：上海交通大学出版社，2016.

[21]闻邦椿，赵新军，刘树英.科技创新方法论浅析 [M].北京：科学出版社，2015.

[22]郑文范.创新驱动与东北老工业基地改造和振兴：关于科学、技术、工程、产业、社会五元论探索 [M].沈阳：东北大学出版社，2015.

[23]李国平.京津冀地区科技创新一体化发展政策研究 [J].经济与管理，2014，28（06）：13-18.

[24]李清均.新时代东北振兴战略：本质、机理与路径 [J].哈尔滨工业大学学报（社会科学版），2020，22（03）：143-151.

[25]李伟民.东北老工业基地区域技术创新竞争力研究 [M].北京：经济科学出版社，2018.

[26]林木西.探索东北特色的老工业基地全面振兴道路 [J].辽宁大学学报（哲学社会科学版），2012，40（05）：1-9.

[27]陈劲，阳镇，尹西明.双循环新发展格局下的中国科技创新战略 [J].当代经济科学，2021，43（01）：1-9.

[28]吕政.创新驱动必须以硬科技创新为本 [J].海南大学学报（人文社会科学版），2020，38（02）：1-11.

[29]何雄伟."双循环"新发展格局背景下我国科技创新的战略选择 [J].企业经济，2020，39（11）：140-146.

[30]贾洪文，张伍涛，盘业哲.科技创新、产业结构升级与经济高质量发展 [J].上海经济研究，2021（05）：50-60.

[31] 肖仁桥，沈路，钱丽.新时代科技创新对中国经济高质量发展的影响 [J].科技进步与对策，2020，37（04）：1–10.

[32] 任保平，文丰安.新时代中国高质量发展的判断标准、决定因素与实现途径 [J].改革，2018（04）：5–16.

[33] 尚勇敏，曾刚.科技创新推动区域经济发展模式转型：作用和机制 [J].地理研究，2017，36（12）：2279–2290.

[34] 臧红岩，陈宝明，臧红敏.我国国际科技合作全面融入全球创新网络研究 [J].广西社会科学，2019（09）：62–66.

[35] 李红军，高茹英，任蔚，等.科技全球化背景下国际科技合作及其对我国的启示 [J].科技进步与对策，2011，28（11）：14–18.

[36] 林木西，和军.东北老工业基地全面振兴、全方位振兴 [M].北京：经济科学出版社，2021.

[37] 戚文海.东北亚科技共同体构想框架——新世纪东北亚加强区域合作的最佳切入点 [J].东北亚论坛，2007（03）：38–42.

[38] 陈俊龙，赵怡静."新常态"下东北地区国有企业混合所有制改革分析 [J].长白学刊，2016（01）：84–89.

[39] 东北亚研究中心"东北老工业基地振兴"课题组.东北老工业基地振兴与区域经济的协调发展 [J].吉林大学社会科学学报，2004（01）：14–25.

[40] 王伟光，白雪飞，侯军利.国有企业创新发展对东北地区经济增长的影响 [J].中国科技论坛，2016（11）：96–102.

[41] 林莉，谢富纪.东北老工业基地区域科技资源配置的现状、问题及对策 [J].科技进步与对策，2010，27（17）：59–61.

[42] 朱英，郑晓齐，章琰 . 中国科技创新人才的流动规律分析——基于国家"万人计划"科技创新领军人才的实证研究 [J]. 中国科技论坛，2020（03）：166–173.

[43] 陈晓东 . 深化东北老工业基地体制机制改革的六大着力点 [J]. 经济纵横，2018（05）：54–60.

[44] 张清正，魏文栋，孙瑜康 . 中国科技服务业区域非均衡发展及影响因素研究 [J]. 科技管理研究，2016，36（01）：89–94.

[45] 孟凡博 . 辽宁省中小企业科技创新促进机制研究与探索 [M]. 沈阳：东北大学出版社，2017.

[46] 郑文范 . 论东北老工业基地改造的科技支撑体系 [J]. 科学学与科学技术管理，2004（12）：99–101.

[47] 王宏伟，马茹，张慧慧，等 . 我国区域创新环境分析研究 [J]. 技术经济，2021，40（09）：14–25.

[48] 阎康年 . 创新环境对科技创新的重要作用 [J]. 科学对社会的影响，2004（04）：10–13.

[49] 胡园园，顾新 . 创新环境和开放程度对区域科技创新产出的调节效应研究 [J]. 统计与决策，2015（02）：64–67.

[50] 申玉明等 . 辽宁省科技创新区域竞争力分析 [M]. 北京：科学技术文献出版社，2019.

[51] 刘纳新，伍中信 . 新常态环境下金融发展对科技创新的影响分析 [J]. 会计之友，2015（23）：39–43.

[52] 钱建华，百里清风 . 辽宁省中小企业产学研战略联盟运行机制的比较与选择 [J]. 科技管理研究，2012，32（07）：214–217.

[53] 王丰阁，刘敏 . 区域创新系统与中国产业结构转型升级 [M]. 武汉：
华中科技大学出版社，2018.

[54] 王冲 . 基于灰色关联分析的高校科技人才流动影响因素及策略分
析——以吉林省高校为例 [J]. 情报科学，2019，37（05）：47-52.

[55] 刘冬梅，王书华，毕亮亮，等 . 科技创新与中国战略性区域发展 [M].
北京：中国发展出版社，2014.

[56] 张贵红 . 科技创新资源服务平台建设的理论与实践研究 [M]. 苏州：
苏州大学出版社，2017.

[57] 周建中 . 关于青年科技人才发展战略的思考与建议 [J]. 科技导报，
2019，37（12）：97-101.

[58] 宋歌 . 保护知识产权：东北老工业基地社会转型的关键 [J]. 人民论
坛，2016（29）：82-83.

[59] 张利群 . 东北三省区域创新体系建设问题与对策研究 [J]. 特区经济，
2010（05）：225-226.

[60] 叶一军，顾新，李晖，等 . 跨行政区域创新体系下创新主体间协
同创新模式研究 [J]. 科技进步与对策，2014，31（16）：29-33.

[61] 李天建 . 创新驱动战略下促进我国科技创新的财政政策研究 [M].
北京：北京大学出版社，2020.

[62] 杜丹丽，康敏，曾小春，等 . 网络结构视角的科技型中小企业协
同创新联盟稳定性研究——以黑龙江省为例 [J]. 科技管理研究，2017，37
（18）：134-142.

[63] 李振国，温珂，郭雯，等 . 科研机构在东北地区科技成果转化的现状、
挑战和建议——以中国科学院为例 [J]. 中国科学院院刊，2019，34（08）：

934–942.

[64]李善民.融合：解决科技与经济"两张皮"的体制机制创新[M].北京：科学出版社，2021.

[65]王朋举.政府视角下科技创新补偿机制研究[M].北京：人民出版社，2017.

[66]苏铮，李丽.世界主要科技强国发展战略对比研究[J].制造技术与机床，2021（02）：42–45，50.

[67]郭斌.京津冀都市圈科技协同创新的机制设计——基于日韩经验的借鉴[J].科学学与科学技术管理，2016，37（09）：37–48.

[68]陈诗波，王书华，冶小梅.京津冀城市群科技协同创新研究[J].中国科技论坛，2015（07）：63–68.

[69]许爱萍.京津冀科技创新协同发展背景下的科技金融支持研究[J].当代经济管理，2015，37（09）：69–72.

[70]刘亮.区域协同背景下长三角科技创新协同发展战略思路研究[J].上海经济，2017（04）：75–81.

[71]林祥.深圳科技创新的制度变革研究[M].北京：社会科学文献出版社，2017.

[72]韩坚，熊璇.新发展格局下长三角区域高质量发展的新机制和路径研究[J].苏州大学学报（哲学社会科学版），2021，42（02）：103–112.

[73]王苏生，陈搏.深圳科技创新之路[M].北京：中国社会科学出版社，2018.

[74]周振华.科技创新：上海转型发展的突破口[M].上海：格致出版社，上海人民出版社，2013.

[75] 邓淑芬，朱佳翔，钟昌宝 . 长三角城市群科技创新投入的空间关联格局分析 [J]. 统计与决策，2019，35（15）：105-108.

[76] 李平 . 上海全球科技创新中心建设：经验、启示与路径 [M]. 北京：社会科学文献出版社，2015.

[77] 陈广汉，谭颖 . 构建粤港澳大湾区产业科技协调创新体系研究 [J]. 亚太经济，2018（06）：127-134，149.

[78] 徐迪威，张颖，卢琰 . 科技资源支撑粤港澳大湾区创新发展的研究 [J]. 科技管理研究，2019，39（18）：11-17.

[79] 袁永，王子丹 . 发达国家科技创新战略与政策研究 [M]. 广州：华南理工大学出版社，2020.

[80] 邱丹逸，袁永 . 日本科技创新战略与政策分析及其对我国的启示 [J]. 科技管理研究，2018，38（12）：59-66.

[81] 宗利成，李强 . 美俄日三国国家科技创新政策比较研究 [J]. 亚太经济，2021（02）：74-80.

[82] 冯江源 . 大国强盛崛起与科技创新战略变革——世界科技强国与中国发展道路的时代经验论析 [J]. 人民论坛·学术前沿，2016（16）：6-37.

[83] 杨静，赵俊杰 . 四大湾区科技创新发展情况比较及其对粤港澳大湾区建设的启示 [J]. 科技管理研究，2021，41（10）：60-69.

[84] 张兴旺，陈希敏 . 国内外科技金融创新发展模式比较研究 [J]. 科学管理研究，2017，35（05）：112-115.

[85] 陈强 . 德国科技创新体系的治理特征及实践启示 [J]. 社会科学，2015（08）：14-20.

[86] 日本科技创新态势分析报告课题组 . 日本科技创新态势分析报告

[M].北京：科学出版社，2014.

[87] 德国科技创新态势分析报告课题组.德国科技创新态势分析报告[M].北京：科学出版社，2014.

[88] 董洁，李群.美国科技创新体系对中国创新发展的启示 [J].技术经济与管理研究，2019（08）：26-31.

[89] 高山.全球科技创新中心建设研究：以中国深圳为例 [M].北京：人民出版社，2017.

[90] 唐厚兴.产学研合作网络对科技创新绩效影响的建模与仿真研究[M].北京：经济科学出版社，2020.

[91] 李文胜，景枫.深化科技体制改革 助推科研协同创新 [J].河北经贸大学学报，2013，34（03）：19-22.

[92] 薛惠，石先钰.我国科技专家咨询制度存在的问题及其完善研究 [J].科技进步与对策，2012，29（17）：105-108.

[93] 杜德斌.全球科技创新中心：动力与模式 [M].上海：上海人民出版社，2015.

[94] 聂永有，殷凤，尹应凯，等.科创引领未来：科技创新中心的国际经验与启示 [M].上海：上海大学出版社，2015.

[95] 周振华，陶纪明.上海建设全球科技创新中心：战略前瞻与行动策略 [M].上海：上海人民出版社，格致出版社，2015.

[96] 尹丽英，赵捧末，秦春秀，等.我国科技管理数据服务模式现状与发展建议：从服务要素角度分析 [J].情报理论与实践，2019，42（07）：35-40，47.

[97] 曾婧婧，黄桂花.科技项目揭榜挂帅制度：运行机制与关键症结 [J].

科学学研究，2021，39（12）：2191-2200，2252.

[98] 鲁继通.京津冀科技创新效应与机制保障研究 [M].北京：经济管理出版社，2017.

[99] 夏俊杰，杨明.关于科技在应对重大突发公共卫生事件中发挥统筹协同作用的思考 [J].中国科学院院刊，2020，35（08）：1061-1065.

[100] 康旭东，丁堃，孙莹.美国西北大学科技管理模式与机制的分析及启示 [J].研究与发展管理，2014，26（05）：106-112.

[101]王仁祥,杨曼.科技创新与金融创新耦合机理、效率及模式研究[M].北京：中国金融出版社，2018.

[102] 屠启宇，张剑涛.全球视野下的科技创新中心城市建设 [M].上海：上海社会科学院出版社，2015.

[103] 陈书洁，李雨明.我国区域科技人才国际化创新环境评价研究 [J].中国人力资源开发，2017（11）：139-146.

[104] 刘轶丹，张煌，曾华锋."大工程"培养科技创新人才的制约因素及改革路径 [J].湖南师范大学教育科学学报，2017，16（04）：120-123.

[105] 朱军文，余新丽，杨颉.高等教育赋能上海科技创新中心建设研究 [M].上海：华东师范大学出版社，2020.

[106] 王星，王宁，张志旻，等.2010—2019 年度东北三省地区国家自然科学基金资助情况科学计量分析——基于面上项目和青年科学基金项目的研究 [J].中国科学基金，2020，34（05）：635-644.

[107] 施利毅，陈秋玲.科技创新平台 [M].北京：经济管理出版社，2017.

[108] 李梅，苗润莲.协同视角下京津冀资源环境管理与科技创新 [M].

北京：中国科学技术出版社，2018.

[109] 李飒 . 创新发展理念下科技创新人才培养机制研究 [J]. 中国高校科技，2018（05）：89-91.

[110] 何宏庆 . 科技金融驱动经济高质量发展：现实困境与路径选择 [J]. 广西社会科学，2018（12）：90-95.

[111] 屠启宇，李健 . 国家战略中的上海科技创新中心城市建设：理论、模式与实践 [M]. 上海：上海社会科学院出版社，2017.

[112] 孙金辉，李东 . 科技成果转化的支撑创新：面向科创投资的价值释放工程 [J]. 科学决策，2021（07）：112-123.

[113] 刘颖 . 构建多元化创新科技人才评价体系 [J]. 中国行政管理，2019（05）：90-95.

[114] 李军凯 . 京津冀科技创新园区链构建模式与路径研究 [M]. 北京：科学出版社，2020.

｜后　记｜

　　当前，我国处于新发展阶段，创新驱动发展是贯彻新发展理念、构建新发展格局、推动高质量发展的核心支撑。东北地区推动改造升级"老字号"、深度开发"原字号"、培育壮大"新字号"，这就要求不同创新主体的协同配合，通过复杂的非线性相互作用而实现最优整体效应，构建主体多元化、网络联系多层次和创新要素集成化的科技创新共同体。

　　东北地区是我国重要的工业基地，具有较强的科技创新一体化的基础。东北地区国有企业数量多、占比大、分布范围较广，为推进科技创新资源在更大范围、更广领域进行配置，东北地区各省不断推动多领域协同发展，推动国有企业在重大基础设施、重点性支柱产业以及关键核心技术等领域进行深度合作，为东北地区科技创新一体化提供重要平台。东北地区高校、科研机构云集，拥有雄厚的科研力量和明显的科技产业优势、丰富的知识储备，高端创新人才储备丰富，区域内人才流动为东北地区科技创新一体化提供智力支持。东北地区有较为完整的工业体系，产业结构相似，工业发展基础好，产业关联度大，传统优势产业发展专业化程度高。近年来，工业化和信息化不断融合，加快制造业结构优化升级，从规模、质量和效益上提升东北地区创新能力以提升产业竞争力成为东北地区共同的发展诉求，这为东北地区科技创新一体化提供核心载体。

本书梳理了科技创新一体化的理论框架，总结了东北地区科技创新一体化的现状，归纳国内外科技创新能力发达地区的经验、规律及启示，对东北地区科技创新一体化的发展思路进行系统分析。一方面，明确了东北地区科技创新一体化发展的迫切性、存在的问题及其原因，指出未来东北地区科技创新一体化发展的工作方向，对于加快东北地区科技创新一体化的进程具有重要意义；另一方面，通过梳理科技创新能力发达地区的经验，总结科技创新协同的普遍规律，在此基础上，与东北地区科技创新的特殊性相结合，从体制机制相通、创新要素流通、创新资源共享、创新文化培育四个方面提出东北地区科技创新一体化的基本思路。

在本书撰写过程中，东北大学马克思主义学院石云格、严晓媛、赵天添同学在书稿资料的收集和整理中做了大量的基础性工作，付出了辛勤的劳动。其中，石云格参与了第一章、第二章、第三章的撰写，严晓媛参与了第四章的撰写，赵天添参与了第五章的撰写工作，他们踏实认真、积极进取的学习态度和创新意识为本书的写作做出了重要贡献，在此，特致以衷心感谢！

感谢万卷出版有限责任公司的各位老师在本书出版工作中所付出的辛勤劳动。学术水平所限，难免有偏颇，恳请专家和学者同仁批评指正。

著 者

2022 年 2 月 15 日